행복한 부자

HOW TO BE RICH AND HAPPY

불확실한 시대의 **성경적 재무관리 지침서**

영남대 상대(경영학 학사), 서울대 대학원(경영학 석사 수료), 아리조나 주립대학교(MBA), 그리고 켄터키 대학(경영학 박사, 재무 관리 전공)에서 차례로 공부를 하였다. 학부를 졸업한 후에 외환은행에서 7년간 근무하다가 1981년부터 현재까지 영남대학교 상경대학 경영학부와 대학원에서 '기업 재무관리와 투자론', 그리고 '성경으로 본 행복한 부자'를 각각 강의하고 있다. 미국 LeTourneau University와 캐나다 Trinity Western University에서 방문교수를 역임하였으며, 영남대학교 경영대학원 원장을 역임한 바 있다.

저서로는 『빚진 자로 살 것인가 빌려주는 자로 살 것인가』(삼영사)와 간증집인 『네 친속에게 고하라』(천금출판사)가 있다. 또한 역서로 『하나님, 돈을 어떻게 쓸까요?』(조성표 교수와 공역) 외에 다수가 있다. 그는 KOSTA에서 강사로 활동한 외에 많은 교회와 대학에서 성경적 가계 재무관리에 대한 강의를 하면서 통합적 연구에 지속적인 관심을 가지고 연구하고 있다. 현재 대구 동신교회 시무 장로로 있다.

행복한 부자

불확실한 시대의 **성경적 재무관리 지침서**

초판 발행 | 2006년 3월 27일
초판 3쇄 | 2007년 8월 25일

지 은 이 | 박정윤
펴 낸 곳 | 영남대학교 출판부
디 자 인 | 김선주

출판등록 | 경산 제16-1호
등록일자 | 1975년 9월 5일
주소 | 경북 경산시 대동 214 - 1
전화 | 053 · 810 · 1801 ~ 3
팩스 | 053 · 810 · 4722
E-mail | book@ynu.ac.kr

ISBN 89-7581-295-2 03320

값 10,000원

행복한 부자

HOW TO BE RICH AND HAPPY

불확실한 시대의 **성경적 재무관리 지침서**

박 정 윤

영남대학교출판부

차례

2부 _ 행복한 부자가 되기 위한 방법

서문

시편 기자는 "여호와의 행사가 크시니 이를 즐거워하는 자가 다 연구하는도다"(시 111:2)라고 노래하고 있다. 저자도 성경적 세계관에 입각하여 학문을 연구하는 모임인 통합연구학회에서 회원으로 활동하던 중에 통합연구학회 원동연 회장으로부터 통합적 연구를 요청하는 서한을 받게 되었다. 이것이 계기가 되어 마태복음 13장 44절을 묵상하면서 성경적 관점에서 투자론을 정립하는 논문을 작성하였다. 이 논문은 1992년에 학술대회에서 발표하고 같은 해에 통합연구에 '창조적 투자론'이라는 제목으로 게재하게 되었다.

그 무렵에 저자는 빨리 부자가 되기를 바라면서 빚을 내어 투자를 하고 있었다. 그러다가 "피차 사랑의 빚 외에는 아무에게든지 아무 빚도 지지 말라 남을 사랑하는 자는 율법을 다 이루었느니라"(로마서 13장 8절)는 말씀을 묵상하면서 빚지고 사는 것이 하나님의 뜻이 아니라고 깨닫고 1993년에 개인적인 재무 구조를 조정하게 되었다. 이것이 계기가 되어 1994년에 미국 르터너 대학에 방문 교수로 있을 때 빚에 대하여 성경적으로 연구를 하게 되었다.

1996년에 귀국했을 때 이미 한국 기업들이 과도한 차입 경영을 하여 부도현상이 발생하고 있었다. 정부와 가계도 과다한 차입으로 심각한 문제를 안고 있었다. 이러한 현상을 보고 있다가 르터너 대학에서 연구한 결과를 '성경적 차입 및 대출 원리'라는 제목으로 통합연구학회에서 발표한 후에 통합연구에 게재하였다. 심상치 않던 한국 경제가 급기야는 IMF 외환 위기를 초래하였다. 이 사실을 안타까워하다가 모든 사람들이 성경으로 돌아가서 재무 관리를 할 필요성이 있다고 느껴 그때까지 배우고 연구한 결과를 '빚진 자로 살 것인가 빌려주는 자로 살 것인가?'(삼영사, 1998)라는 단행본으로 출판하게 되었다.

2002년에 시카고 위튼 대학에서 있었던 미국 유학생 수련회인 KOSTA 강사로 초청을 받고 '행복한 부자의 재무관리' 라는 주제로 특강을 하게 되었다. 또한 2004년 캐나다 트리니티 웨스턴 대학의 ACTS에 설치되어있는 세계관 대학원에서 방문 교수로 있을 때 재무 청지기론(Financial Stewardship)을 강의하면서 이 분야에 대한 자료를 많이 접하고 공부할 수 있었다. 이제 그 모든 자료를 정리한 원고가 마침내 책으로 나오게 되었다. 또한 '성경으로 본 행복한 부자'라는 과목으로 이 책의 내용을 2006년 1학기부터 대구·경북지역의 여러 대학에서 인터넷으로 강의할 수 있게 되었으니 무척 기쁘다.

이 책의 구성은 크게 두 부분으로 나누어졌다. 1부는 '행복한 부자'에 대한 개념적 틀과 행복한 부자로서 꼭 알아야 할 내용으로 청지기 개념, 재무 계획과 예산, 빚에 대한 성경적 가르침, 그리고 채무자의 감옥에서 탈출하는 방법에 대하여 상세하게 다루고 있다. 2부에서는 행복한 부자가 되기 위해서 실행해야 할 구체적인 주제로 일하는 동기, 지혜로운 소비, 집 마련하기, 저축과 투자 원리, 나눔의 즐거움, 그리고 자녀의 재무 교육과 훈련을 차례로 다루고 있다.

이 책을 효과적으로 사용하기 위해서는 개인적으로 공부할 경우에는 먼저 책의 내용을 다 읽은 후에 각 장 뒤에 있는 <생각해 봅시다>에 제시되어 있는 질문들을 답하는 것이 좋을 것이다. 그룹으로 모여서 공부할 때는 기도를 한 후에 한 사람이 사회를 하고 돌아가면서 질문에 답하는 형식으로 진행하면 도움이 될 것으로 생각된다.

이 책이 나오기까지 많은 사람들의 도움이 있었다. 먼저 레리 버켓, 론 블루, 하워드 데이턴과 같은 기독 재정 상담가들이 쓴 책들이 유익했다. 또한 남산편지를 통해 유익한 정보를 제공해 주신 대구도시가스 정충영 사장님, '돈이 항상 부족한 이유'라는 강의 원고를 제공해 주신 영남대학교 경제금융학부의 한동근 교수님, 또한 성경적 재무관리에 관한 연구 논문을 발표하고 게재할 수 있도록 기회를 허락해 준 한국로고스경영학회 이병찬 회장님을 비롯하여 회원 여러분들에게 감사를 드리고 싶다.

또한 졸업을 준비하느라 바쁜 중에도 원고의 편집을 도와준 경제금융학부의 이기철 군에게도 고마운 마음을 전한다. 또한 이 원고를 흔쾌히 책으로 출판해주신 영남대학교 출판부장 이희욱 교수님과 이종백 선생님을 비롯한 출판부 직원 여러분들께도 감사를 드린다.

마지막으로 원고를 읽어 주고 교정을 도와준 딸과 아들, 그리고 남편의 건강을 염려하며 기도로 도와준 아내에게도 고마운 마음을 전한다.

경산 연구실에서

저자씀

"새 사람을 입었으니 이는 자기를 창조하신 자의 형상을 좇아 지식에까지 새롭게 하심을 받는 자니라"

골로새서 3:10

Prologue_ 실패에서 성공으로

대부분의 사람들처럼 필자도 빨리 부자가 되기를 원했던 적이 있다. 이때는 이미 미국에서 경영학 박사 학위 과정을 공부하면서 하나님의 은혜를 많이 체험한 이후였다. 속히 부자가 되어야겠다는 욕심이 있었던 터라 자연히 내가 가지고 있는 돈만을 투자해서는 부자가 되기 어렵다는 생각을 하게 되었다. 그래서 가지고 있는 돈 이외에 수천만 원을 더 빌렸다. 그리고는 내가 박사 과정에서 배운 고급투자이론에 기초해서 투자를 분석한 후에 몇 종목의 주식을 샀다.

처음 얼마 동안은 내가 산 주식의 가격이 올랐다. 어떤 날은 하루에도 수십만 원을 벌 수 있었다. 이제 나는 금방 부자가 될 수 있겠구나 하는 마음이 들기도 했다. 또한 강의와 연구를 통해 월급을 받는 것이 주식 투자로 버는 것보다 적다는 생각이 들기도 했다.

그런데 1989년 상반기가 지나면서 금방 부자가 될 수 있다는 꿈은 여지없이 무너지기 시작했다. 주가가 하락하기 시작했기 때문이다. 이때부터 마음이 불안해지면서 소화가 잘 안되고 잠을 설치기도 했다. 너무 답답한 마음이 들어 잘 나가지 않던 새벽 기도에 나가기까지 했다.

"하나님 아버지, 제가 왔습니다. 그런데 제 마음이 답답합니다. 어떻게 하면 좋을까요?"

이렇게 기도하는 나에게 성령 하나님은 "주식을 팔면 되지 않느냐?" 라고 말씀하시는 듯했다. 그러나 나는 "지금 주식 가격이 내려가서 손해를 보고 있는데 좀 더 오르고 나서 팔면 어떨까요?" 하는 반응을 보이며 주식을 팔까 말까 망설이고 있었다.

하나님께서는 지체하고 있는 나를 측은히 여기셨다. 그래서 하나님께서 친히 일을 하기 시작하셨다. 이때 이전에 가입해 두었던 주택 청약 예금이 1순위가 되어 아파트를 청약하게 되었는데 두 번째 청약을 했을 때 당첨이 된 것이다. 아파트가 당첨되자 이제는 계약금과 중도금을 마련해야만 했다. 그러니 주식을 강제로 팔지 않을 수 없게 되었다. 이렇게 하여 주식 가격이 폭락하기 전에 모든 주식을 팔 수 있었다. 그 대신 지금 살고 있는 아파트가 마련되었다. 주식 가격은 크게 하락하였는데 새로 마련된 아파트는 올라 그 시세가 구입했던 가격의 세 배나 되어 있었다. 나는 이때부터 비록 내가 투자에 관해 박사 학위를 얻었다 하더라도 여전히 초보 투자자에 지나지 않는다는 생각을 하게 되었다. 그리고 하나님은 '완전한 투자자'라는 생각을 하였다.

아파트의 입주 시기가 되었으나 바로 입주하지 않고 2년간 6,500만 원의 전세금을 받고 전세를 놓았다. 그리고 전세금으로 주상복합상가를 구입하였다. 전 주인이 집을 담보로 해서 은행으로부터 빌린 돈이 제법 많았고 또 방과 점포는 세를 놓을 수 있어서 전세금만으로도 복합상가를 구입할 수 있었다. 한동안 구입한 집값이 오르기 시작해서 나는 투자를 아주 잘했다고 생각했다.

그런데 문제가 발생했다. 2년의 전세 기간은 눈 깜짝할 사이에 지나가고 빌려주었던 수천만 원의 돈은 이자는 커녕 원금도 받을 수 없게 되어버렸다. 도저히 전세금을 마련할 길이 없었다. 전세금을 마련하기 위해 기도하기 시작했다. 한번은 기도하던 중에 은행 직원의 얼굴이 떠올랐다. 그래서 알고 있던 은행 직원에게 전화를 한 후에 사정을 말한 후에 곧 2,000만 원을 빌릴 수 있었다. 그리고 나머지는 공제회로부터 대출을 받아 간신히 전세금을 마련하여 아파트로 이사할 수 있었다. '이제 문제가 다 해결되었구나' 하고 생각했다.

그런데 그렇지 않았다. 사두었던 집은 우리의 기대와는 달리 일시적으로 오르던 것이 오히려 내리기 시작했다. 그리고 빌린 돈에 대한 이자 부담은 매우 크게 느껴졌다. 다시 마음에 부담이 되어 기도를 할 무렵에 로마서 13장 8절의 말씀이 머리에 떠올랐다.

"피차 사랑의 빚 외에는 아무에게든지 아무 빚도 지지 말라 남을 사랑하는 자는 율법을 다 이루었느니라"

나는 이 말씀을 묵상하기 시작했다. 이 말씀을 묵상하던 중에 하나님의 자녀는 빚지지 말고 살아야 한다고 깨달았다. 빚을 갚고 빚없이 살기 위해서는 사두었던 주상복합상가를 팔아야만 했다. 나는 하나님을 다시 찾기 시작했다. 이번에 집이 팔리면 다시는 빚지지 않고 살겠다고 하나님께 다짐을 하였다. 나는 나대로 기도했고 아내는 아내대로 기도를 했다.

그러던 중 며칠이 지나지 않아 전화가 한 통 왔다. 집을 사겠다는 사람이 있다는 것이다. 이것이 1993년 무렵인데 이때는 부동산 경기가 좋지 않을 때였다. 그런데 원매자를 만나 제시하는 가격을 들어보니 제법 괜찮았다. 그래서 집을 팔아버렸다. 그리고는 하나님께 약속했던 대로 모든 빚을 갚아버렸다. 그때 비로소 내 마음에 평안이 찾아왔다.

이 사건이 계기가 되어 1994년에 미국에 교환 교수로 가 있는 일 년 동안 빚에 관하여 성경적으로 연구하게 되었다. 정말 성경은 다른 사람으로부터 돈을 빌리는 것을 금지하고 있는가? 1996년에 귀국하여 일 년 동안 연구한 결과를 '성경적 차입 및 대출원리' 라는 논문으로 발표하기도 하였다. 그러나 IMF 경제 위기가 오면서 내가 연구한 내용을 단행본으로 내야 하겠다는 생각이 들었다. 그 결과 나온 책이 『빚진 자로 살 것인가 빌려주는 자로 살 것인가?』(삼영사, 1998)이다.

이때부터 교회와 여러 곳에서 경제 특강을 해 달라는 요청이 있어서 '성경적 재무관리' 에 대해 강의를 하곤 했다. 한번은 경주에서 IVF학사 여름 수련회에서 강의를 하게 되었다. 이때 서울 온누리 교회에 다니시는 한 권사님이 내 강의를 듣게 되었다. 이분은 내 강의에 은혜를 받았다며 남편에게 나를 소개하셨다. 그런데 남편이 두란노 서원에서 가정 사역부를 맡고 있는 장로님이라 나에게 가정 경제에 관해 강의를 해 달라고 요청을 했고, 이 일을 계기로 나는 매 학기 두란노 서원에서 강의를 할 수 있었다. 강의를 하면서 성도들이 성경적인 재무관리에 대해 알고자 하는 욕구가 아주 강하다는 것을 알게 되었다.

하나님께서는 IMF 경제 위기가 발생하기 수년 전에 로마서 13장 8절을 통하여 재무 구조를 완전하게 조정하게 하셨다.

필자는 대학에서 기업 재무관리와 투자론을 20년 이상 연구하고 가르쳐 왔다. 이론적인 지식을 알았기 때문에 그것을 가계에도 적용할 수가 있었다. 그러나 빨리 부자가 되려는 것이 성경의 가르침과는 맞지 않는다는 것을 나중에 알게 되었다.

"충성된 자는 복이 많아도 속히 부하고자 하는 자는 형벌을 면치 못하리라" (잠언 28:20)

많은 그리스도인들이 성경은 믿음으로 말미암아 구원에 이르도록 도움을 주는 책으로만 알고 있다. 한때 필자도 그렇게 생각했었으나 성경을 자세히 공부해 보니 성경이 다른 어떤 책보다 재무관리에 대해 완전하게 가르쳐 주는 책이라는 것을 알게 되었다.

"모든 성경은 하나님의 감동으로 된 것으로 교훈과 책망과 바르게 함과 의로 교육하기에 유익하니" (디모데 후서 3:16)

성경은 하나님의 감동으로 기록된 책이기 때문에 하나님이 돈과 소유에 대해서 말씀하실 때 지금까지 우리가 잘못 알고 있는 것에 대해서는 책망하기도 하고 바로 잡기도 하여 우리를 하나님의 사람으로서 온전케 만들어 주인의 쓰심에 합당하도록 만들어 가실 것이다.

많은 사람들이 여호와에 대한 바른 지식이 없어서 자신과 가정이 파탄에 이를 뿐만 아니라 국가가 경제적 위기에 빠지게 되었다. 그래서 호세아 선지자는 다음과 같이 외쳤다.

"내 백성이 지식이 없으므로 망하는도다 네가 지식을 버렸으니 나도 너를 버려 내 제사장이 되지 못하게 할 것이요 네가 네 하나님의 율법을 잊었으니 나도 네 자녀들을 잊어버리리라" (호세아 4:6)

우리가 하나님께로 다시 돌아가서 힘써 하나님을 알고 성경의 지식을 따라 살면 우리를 다시 경제적 위기에서 건져 주시고 싸매어 치료하실 것이다. 예수 그리스도를 믿는 사람은 바울이 말한 바와 같이 '지식에까지 새로워지는 자' 임을 깨닫고 재무관리의 영역에도 성경을 기초로 해야 할 것이다.

"새 사람을 입었으니 이는 자기를 창조하신 자의 형상을 좇아 지식에까지 새롭게 하심을 받는 자니라" (골로새 3:10)

돈을 다루는 재무관리가 중요한데도 불구하고 교회에서 돈에 관해 구체적으로 가르치지 않는다. 오히려 교회에서 그리스도인들이 돈에 대해 이야기하면 믿음이 적은 사람으로 보거나 경건하지 않은 사람으로 인식하는 분위기이다.

그런데 성경은 돈과 소유에 대해서 다른 어떤 주제보다 더 많이 언급하고 있다. 필자가 빚에 대한 연구를 성경에 기초하여 조사했을 때 재무관리 교과서에서 다루지 않는 내용을 체계적이고 깊이 있게 배울 수 있었다. 뿐만 아니라 성경은 돈에 대한 우리의 태도에 관해서도 명확하게 가르쳐 주고 있다.

그리스도인들에게 믿음만큼 중요한 주제도 없을 것이다. 왜냐하면 우리가 구원을 얻는 것이 오직 믿음으로써만 가능하기 때문이다. 그러나 성경에서 믿음에 관해서 언급한 곳은 500구절 미만이다. 그리고 기도에 대해서 언급한 곳도 500구절이다. 그러나 돈과 소유를 어떻게 다루어야 하는가에 대해서 언급한 곳은 무려 2,350구절 이상이다. 따라서 돈에 대한 바른 성경적 지식과 이해가 없이는 믿음 생활도 잘못할 수 있고 그릇된 기도 생활을 할 수 있는 가능성도 많다.

우리 대부분은 돈을 벌면서 살고 있다. 또 우리는 하루에 80% 이상을 돈에 대한 생각으로 시간을 보내고 있다. 이 책은 다음과 같은 재무 주제들에 대하여 궁극적 해답을 제공할 것이다.

- 소유가 많으면 행복한가?
- 어떻게 하면 지혜로운 청지기로 살 수 있을까?
- 예산 수립과 예산 집행은 어떻게 하는가?
- 빚에 대한 성경적 관점은 무엇인가?
- 직장에서 어떻게 돈을 벌까?
- 번 돈을 어떻게 지혜롭게 쓸 수 있을까?
- 저축은 한 달에 얼마씩 해야 하는가?
- 주택은 어떻게 마련할 것인가?
- 지혜로운 투자 방법에는 어떤 것이 있는가?
- 나도 나눔의 행복을 맛볼 수 있을까?
- 자녀들에게 재무 교육은 어떻게 해야 하는가?

이제 독자들은 이러한 질문에 대한 해답을 성경에 기초하여 얻을 수 있게 될 것이다. 하나님의 말씀은 지혜의 보고다. 광부가 금을 캐듯이 성경 속에 감추어져 있는 진리를 찾으면 우리 인생의 문제를 근본적으로 해결할 수 있을 것이다. 부에 관한 바른 자세를 배우게 될 뿐만 아니라 가계 재무관리에 유용한 지식을 얻게 될 것이다. 돈은 우리에게 매우 중요한 주제이기 때문에 예수 그리스도께서는 비유 가운데 거의 3분의 2를 돈의 사용과 관리에 대해 다루고 있다.

실패에서 성공으로

1. 저자가 돈 관리에 실패한 원인이 어디에 있었다고 생각합니까?
(잠언 19장 2절과 잠언 28장 20절 참고)
당신도 이와 같은 경험이 있었습니까? 서로의 경험을 나누어봅시다.

2. 저자는 빚 때문에 어떤 어려움을 겪었으며 어떻게 극복했습니까?
두 가지를 말해 봅시다 (시편 107: 19~20을 참고).
당신도 그러한 경험이 있다면 서로 나누어 봅시다.

3. 사도 바울은 로마서 13장 8절을 어떤 의미로 말했다고 생각합니까? 로마서 13:1~7 (특히 6, 7절)과 13: 9~10절을 읽고 그 뜻을 알아봅시다.
(마태복음 22: 17~21을 참고)

4. 당신도 주식투자 때문에 잠을 설친 경우가 있습니까? 그렇다면 이유가 무엇일까요? 어떤 사람은 성도들은 주식투자를 하지 말아야 한다는 주장을 합니다. 이에 대한 당신의 견해는 무엇입니까?

5. 빨리 부자가 되고자 하는 마음이 왜 성경의 가르침에 어긋난다고 생각합니까? 관련된 성경구절이나 비유를 들어 말해 봅시다.
(잠언 21:5; 잠언 28:20 참조)

6. 저자는 성경을 통해서 재무관리 교과서에서 배우지 못한 것을 배웠다고 말하는데 당신도 그러한 경험이 있습니까? 이러한 주장의 근거는 무엇이라고 생각합니까? (디모데 후서 3:15; 호세아 4:6 참조)

1부

행복한 부자가 되기 위한 준비

"

그러므로
누구든지 나의 이 말을 듣고 행하는 자는
그 집을 반석 위에 지은 지혜로운 사람 같으리니,
비가 내리고 창수가 나고 바람이 불어
그 집에 부딪히되
무너지지 아니하나니
이는 주초를 반석 위에 놓은 연고요

마태복음 7:24~25

"

"여호와께서 복을 주시므로 사람으로 부하게 하시고 근심을 겸하여 주지 아니하시느니라"

잠언 10:22

행복한 부자

우리는 재산이 얼마 정도 있으면 행복할까? 얼마 전에 한 증권 전문 사이트에서 회원들을 상대로 인터넷 설문 조사를 하였다. 질문 내용은 '내 재산이 얼마쯤 있으면 행복해질까?'였다. 16,243명이 응답을 하였다.

'10억 원 이상'이라고 답한 사람이 30.2%(4901명)로 가장 많았다. '50억 원 이상'이라고 답한 사람도 무려 20.9%(3387명)나 되었다. '5억 원 이상'이라고 답한 사람은 11.6%에 지나지 않았다. 이러한 결과를 보면 사람들은 돈이 많으면 많을수록 행복하게 살 수 있을 것으로 생각하고 있는 것 같다.

그런데 재미있는 사실은 '5천만 원 이상'만 있으면 행복할 것이라고 대답한 사람이 8.7%(1,411명)로 제법 많았다는 것이다. 그리고 '1억 원 이상', '2억 원 이상', '3억 원 이상'은 대체로 3%에서 4%였다.

백만장자가 되면 행복하다?

위에 소개한 설문 조사 결과를 살펴보면 사람들은 현재 가진 것보다 돈이 더 많이 있으면 더 행복하게 살 수 있다는 생각을 가지고 있는 것 같다. 이렇게 생각하는 사람들의 논리를 한번 따라 가보자. '5천만 원

이하' 를 가지고 있는 사람은 '7천만 원' 만 있으면 좋겠다고 생각할 것이다. 그런데 막상 7천만 원을 가지게 되면 그 돈에 만족하지 못하는 자신을 발견하게 될 것이다. 또 이 사람이 1억 원을 가질 때도 마찬가지이다. 이러한 생각을 연장해 보면 사람은 비록 백만장자가 되더라도 결코 행복해질 수 없다는 결론에 이르게 된다.

그런데 성경에서는 돈으로 행복하게 될 수 없다는 진리를 쉽게 발견할 수 있다. 역사상 세계적으로 가장 부유하게 살았던 솔로몬의 고백을 한번 귀를 기울여 들어보자.

"은을 사랑하는 자는 은으로 만족함이 없고 풍부를 사랑하는 자는 소득으로 만족함이 없나니 이것도 헛되도다" (전도서 5:10)

돈을 사랑하는 자는 자기가 만족할 만큼 충분한 돈을 가질 수 없을 뿐만 아니라 또한 소득이 아무리 많아도 우리는 결코 만족하지 못한다. 이것이 억만장자 솔로몬이 우리에게 가르쳐 주는 진리이다.

필자가 은행에서 근무했을 때 어느 차장은 가끔 이런 말을 했었다. "아, 우리가 월급을 조금만 더 받을 수 있으면 은행에서 근무하는 것이 얼마나 보람이 있겠는가!" 이제 우리가 진리를 알았으니 이 직원의 말이 아주 어리석다는 것을 알 수 있다. 그러나 실제로 우리는 일상생활에서 가끔은 이 직원과 똑같이 생각하거나 말할 때가 있다.

예수 그리스도께서는 한 걸음 더 나아가 오히려 모든 탐심을 물리치도록 우리에게 경고의 말씀을 들려주고 있다. 귀를 열고 주님의 말씀을 들어보자.

"저희에게 이르시되 삼가 모든 탐심을 물리치라 사람의 생명이 그 소유의 넉넉한데 있지 아니하니라 하시고" (누가복음 12:15)

주님께서는 사람에게는 생명이 무엇보다도 중요함을 우리에게 말씀하시고 있다. 그리고 이 생명은 우리의 소유의 많고 적음에 달려 있지 않다고 말씀하신다. 그렇기 때문에 사람은 오히려 모든 종류의 탐심을 물리쳐야 한다고 명령하고 있다. 주님이 말씀하신 모든 탐심은 십계명 가운데 제10계명을 염두에 두고 요약해서 하신 말씀이 틀림없다.

"네 이웃의 아내를 탐내지도 말지니라 네 이웃의 집이나 그의 밭이나 그의 남종이나 그의 여종이나 그의 소나 그의 나귀나 무릇 네 이웃의 소유를 탐내지도 말지니라" (신명기 5:21)

행복의 비결은 무엇인가?

누구나 행복해지기를 바란다. 또 모두가 더 행복하게 살기를 바란다. 그렇다면 행복의 비결이 어디에 있는가? 우선 사람에 대한 하나님의 계획을 알아야 한다. 그 계획을 성경을 통하여 알아보자.

원래 하나님은 사람이 행복하게 살도록 창조하셨다. 그래서 하나님은 하나님의 형상을 따라 아담을 지으셨다. 사람이 하나님의 형상대로 지어졌다는 사실은 사람은 하나님과 교제하면서 살 때 가장 행복을 느끼면서 살 수 있다는 것을 의미한다. 그런데 아담은 하나님의 이런 계획을 망각하고 선악을 알게 하는 열매를 따먹음으로써 하나님과의 교제의 통로가 막혀버렸다.

이때부터 사람들은 마음의 계획이 어려서부터 악해졌다. 그 이후 하나님은 많은 선지자를 통하여 하나님과 다시 교제할 수 있는 길을 열어주셨다. 먼저 하나님께서는 아브라함을 복의 근원으로 불러주셨다. 아브라함 이후에도 계속해서 선지자들을 통하여 사람들이 하나님과 화목하도록 하셨다. 그러나 여전히 사람들은 하나님의 계획을 받아들이지 않았다.

그리하여 마지막에 하나님께서는 말씀되시는 예수 그리스도를 이 땅에 보내 주신 것이다. 하나님을 거역하는 죄의 문제를 해결하지 않고는 인생의 참된 행복이 없음을 하나님은 아셨다. 그래서 우리 모두의 죄를 예수 그리스도의 십자가를 통하여 해결을 받게 하신 것이다.

이 행복에 대해 하나님께서는 다윗의 입을 통하여 말씀하신 것을 다시 사도 바울을 통해 재확인시켜 주고 있다.

"일한 것이 없이 하나님께 의로 여기심을 받는 사람의 행복에 대하여 다윗의 말한 바 그 불법을 사하심을 받고 그 죄를 가리우심을 받는 자는 복이 있고 주께서 그 죄를 인정치 아니하실 사람은 복이 있도다 함과 같으니라" (로마서 4:6~8)

따라서 사람의 행복과 불행은 우리가 우리의 죄를 용서받느냐 그렇지 않느냐에 달려 있다. 즉 사람의 행복과 불행은 돈을 소유한 정도와는 관계가 없다. 그리고 이 행복의 정도는 주 예수 그리스도와의 친밀감에 비례한다. 마치 가지가 포도나무에 붙어 있으면 그 가지에 열매가 많이 달리듯이 우리가 예수 그리스도를 주로 영접한 이후 지속적으로 그분과 교제를 가지면 이 사람의 행복감은 증가할 것이다. 물론 그 교제는 말씀과 기도로 이루어진다.

그런데 여기서 그치지 않는다. 하나님이 우리에게 약속하신 행복은 이웃과의 돈거래가 하나님의 뜻대로 이루어질 때 유지되고 증진된다.

행복한 부자

우리 모두는 부자가 되기를 원한다. 부에 대한 욕구 자체가 잘못된 것은 아니다. 돈에 대한 우리의 태도가 문제될 뿐이다. 성경은 돈에 대해 다음과 같이 말한다.

"돈을 사랑함이 일만 악의 뿌리가 되나니 이것을 사모하는 자들이 미혹을 받아 믿음에서 떠나 많은 근심으로써 자기를 찔렀도다" (디모데 전서 6:10)

돈을 사랑하는 태도가 모든 악의 원인이 된다고 성경은 경고하고 있는 것이다. 돈을 사랑하는 마음으로 부자가 될 수 없는 것은 아니다. 우리 사회의 부자들을 유심히 살펴보면 이런 종류의 부자들도 있다. 그런데 이런 부자들은 자기 가족들을 근심하게 만들 뿐만 아니라 자신을 해롭게도 한다. 심지어는 감옥을 드나들기도 하고 사회의 부를 감소시키기도 한다. 이러한 부자를 '불행한 부자'라고 부를 수 있을 것이다.

그렇다면 '행복한 부자'(부자이면서 행복한 자)가 될 수는 없는가? 어떤 사람들은 부자는 천국에 갈 수 있는 것이 어렵다고 알고 있는데 이것은 다음과 같은 주님의 말씀을 오해한 데서 비롯된다.

"예수께서 제자들에게 이르시되 내가 진실로 너희에게 이르노니 부자는 천국에 들어가기가 어려우니라 다시 너희에게 말하노니 약대가 바늘귀로 들어가는 것이 부자가 하나님의 나라에 들어가는 것보다 쉬우니라 하신대" (마태복음 19:23~24)

이 말씀은 부자가 예수 그리스도를 주인으로 받아들이기가 매우 어렵다는 뜻이지 불가능하다는 것을 말하는 것은 아니다. 하나님은 모든 자가 천국에 들어가기를 원하신다. '행복한 부자'는 일단 자신이 죄인임을 깨닫고 자신의 모든 죄와 죄의 권세로부터 해방되기 위해서는 예수 그리스도께서 자신의 죄를 대신하여 십자가 상에서 돌아가셨다는 사실을 깨닫고 마음으로 믿고 그를 영접해야 한다. 그리고 하나님께서 원하시는 방법으로 돈을 벌어 부자가 되면 행복한 부자가 되는 것이다. 여기서 그치지 않는다. '행복한 부자'는 번 돈을 자신의 몫과 하나님의 몫, 그리고 가난한 이웃의 몫을 구분하여 사용할 줄 아는 부자이다.

이 세상에는 부자만 사는 것은 아니다. 가난한 자가 부자와 함께 살아가도록 되어 있다. 예수님께서 이 사실을 성경을 통해 우리에게 말씀해 주셨다.

"가난한 자들은 항상 너희와 함께 있거니와 나는 항상 있지 아니하리라" (요한복음 12:8)

그렇다면 우리가 가난한 가운데서도 행복하게 살 수 있느냐 하는 것이다. 세상에는 가난하면서도 행복하게 살아가는 사람들이 있다. 이미 독자들이 짐작하고 있을지 모르겠지만 행복은 소유의 많고 적음에 있지 않고 예수 그리스도 안에 있느냐 아니면 예수 그리스도 밖에 있느냐에 달려 있다. 비록 그가 가난하게 살지라도 예수 그리스도를 의지하여 살게 되면 행복한 것이다. 주 안에 있는 자는 행복한 것이다. 왜냐하면 모든 죄를 용서받고 천국을 소망하며 살기 때문이다. 이런 사람을 '행복한 빈자'라고 부를 수 있을 것이다. 성경에 나오는 대표적인 행복한 빈자는 룻이다.

이제 논리를 확장해 보면 '불행한 빈자'가 존재할 수 있다는 것을 알 수 있다. 예수 그리스도를 모르면서 가난하게 살아가는 사람들이 바로 불행한 빈자에 속한다. 성경에서 '불행한 빈자'를 찾는다면 누구를 들 수 있을까? 예수 그리스도께서 십자가에 달려 돌아가실 때 한쪽에 있었던 강도가 가장 불행한 빈자였을 것이다. 왜냐하면 이 사람은 평생 남의 것을 강도질하다가 예수 그리스도를 알지 못한 채 죽어서 그 영혼이 영원한 지옥에 떨어졌기 때문이다.

지금까지 설명한 내용을 정리하여 그림으로 그려 보면 다음과 같이 나타낼 수 있다.

	불행	행복
빈자	1 (불행한 빈자)	2 (행복한 빈자)
부자	3 (불행한 부자)	4 (행복한 부자)

그런데 도대체 얼마나 있으면 부자일까? 이 질문에 대한 해답을 토마스 스탠리 박사의 '나이의 법칙에 따른 부자판단법'에서 찾아보자.

현재 세금을 지급하기 전의 자신의 연간 총소득을 먼저 계산하고 여기에 자기의 나이를 곱한 후 10으로 나눈다. 그리고 이렇게 계산된 금액(A)과 자신의 현재 순자산규모(B)를 비교한다. 만약 B가 A보다 2배 이상 크다면 부자라 판단할 수 있다. 반대로 B가 1/2 A보다 작으면 빈자라 판단할 수 있다. 이러한 상태에 처한 사람의 미래는 심각할 수 있다. 토마스 스탠리 박사의 부자판단법에 의하여 각자가 현재 어느 위치에 속하는지를 점검해 볼 수 있을 것이다.

행복한 부자의 모델

사람은 누구나 부유하면서도 행복하게 살기를 원한다. 어떻게 하면 그렇게 될 수 있는가? 여기서는 아브라함의 예를 통해 행복한 부자가 되는 방법과 원리를 설명하고자 한다.

아브라함이 어떻게 부자가 되었는지 살펴보자. 아브라함은 원래 하나님을 알지 못했으나 그가 75세때 하나님이 그를 갈데아 우르에서 불러내어 복의 근원으로 살도록 말씀하셨다. 여호와께서 아브람에게 "너는 너의 본토 친척 아비 집을 떠나 내가 네게 지시할 땅으로 가라 내가 너로 큰 민족을 이루고 네게 복을 주어 네 이름을 창대케 하리니 너는 복의 근원이 될지라"(창세기 12:1~2) 하셨을 때 아브람은 여호와의 말씀을 좇아갔다. 이렇게 해서 아브라함은 '행복한 부자'가 되는 첫걸음을 내디뎠다.

아브라함은 이때부터 행복한 부자가 되는 비결을 터득하였다. 아브라함의 삶에 나타난 재물관을 살펴보자. 아브라함은 행복한 부자가 되기 위해서는 여호와 하나님의 축복이 있어야 한다는 것을 잘 알고 있었다. 그리고 아브라함의 종 엘리에셀도 이 원리를 체험했다. 엘리에셀이 이삭의 아내를 구하러 갔을 때 리브가의 오빠인 라반을 만나서 하는 고백을 한번 들어 보자.

"여호와께서 나의 주인에게 크게 복을 주어 창성케 하시되 우양과 은금과 노비와 약대와 나귀를 그에게 주셨고" (창세기 24:35)

이 원리는 성경의 저자들이 계속 강조하고 있다. 이삭이 부자가 된 것도 이 원리를 따라 살았기 때문이다. 창세기 저자의 기록을 읽어 보자.

"이삭이 그 땅에서 농사하여 그 해에 백 배나 얻었고 여호와께서 복을 주시므로 그 사람이 창대하고 왕성하여 마침내 거부가 되어" (창세기 26:12~13)

'여호와께서 복을 주시면 부자가 될 수 있다'는 원리는 성경의 다른 부분에도 반복해서 기록되어 있다. 특히 잠언이 이를 요약해서 다음과 같이 말하고 있다.

"여호와께서 복을 주시므로 사람으로 부하게 하시고 근심을 겸하여 주지 아니하시느니라" (잠언 10:22)

하나님이 축복하셔서 부자가 되는 사람들은 부자가 될 뿐만 아니라 근심이 전혀 없는 부자가 될 수 있다. 이것이 바로 행복한 부자가 되는 원리를 요약해서 우리에게 알려 주는 것이다.

생각해 봅시다

행복한 부자

1. 당신은 어느 정도의 돈과 재산을 가지고 싶습니까? 또 현재 가지고 있는 재산은 어느 정도입니까?

2. 성경은 소유와 행복의 관계에 대해 어떻게 말하고 있습니까? (전도서 5:10; 누가복음 12:15 참고) 또 성경은 행복의 비결이 어디에 있다고 말하고 있는지에 대해 알아봅시다.(로마서 4:6~9; 마태복음 5:3~10)

3. 당신이 부자인지 가난한 자인지를 토마스 스탠리 박사의 부자판단법으로 판단해 봅시다. 또 당신이 지향하고 있는 목표는 무엇입니까?

4. 성경에 나오는 인물 가운데 가장 행복한 부자는 누구라고 생각합니까? 왜 그렇게 생각합니까?

5. "부자는 천국에 들어가기 어려우니라" (마태복음 19:23)라는 말씀을 어떻게 이해해야 합니까?
   어떤 부자들이 "부자가 천국에 들어가는 것이 낙타가 바늘귀로 들어가는 것보다 어렵다"고 생각한다면 당신은 그들에게 어떻게 설명해 주겠습니까?
   (마태복음 19:26; 요한복음 1:12; 요한복음 5:24 참고)

"집 하인이 두 주인을 섬길 수 없나니 혹 이를 미워하고 저를 사랑하거나 혹 이를 중히 여기고 저를 경히 여길 것임이니라 너희가 하나님과 재물을 겸하여 섬길 수 없느니라"

누가복음 16:13

청지기의 삶

한 부자가 있었다. 이 부자는 농부였는데 한해 농사가 잘되어 소출이 풍성하였다. 그런데 이 부자에게 고민이 하나 생겼다. 그것은 곡식 쌓아 둘 창고가 부족하여 일어난 문제였다. 궁리 끝에 떠오른 아이디어는 곡식 창고를 헐고 더 크게 지어 자기의 모든 곡식과 물건을 거기 쌓아 두면 되겠다는 것이었다. 그리고는 자기 영혼에게 이렇게 말했다. "영혼아 여러 해 쓸 물건을 많이 쌓아 두었으니 평안히 쉬고 먹고 마시고 즐거워하자." 그런데 어느 날 밤에 이 부자에게 하나님의 음성이 들렸다. "어리석은 자여 오늘밤에 네 영혼을 도로 찾으리니 그러면 네 예비한 것이 뉘 것이 되겠느냐?"

이 부자의 문제는 어디에 있는가? 그것은 모든 소유가 자기의 것으로 알고 있다는 데 있다. 그리고 자신의 영적인 문제에는 전혀 관심이 없었다. 그저 이 땅에 자신을 위하여 재물을 쌓아두고 평안히 쉬면서 먹고 마시며 즐겁게 사는 데만 골몰했다.

성경은 우리에게 재물은 하나님의 소유라고 가르치고 있다. 우리는 단지 그것을 관리하는 청지기에 불과하다. 아브라함은 모든 소유는 하나님의 것이라고 고백하면서 나그네의 삶을 살았다. 창세기 39장 4절부터 6절까지의 말씀을 읽어 보면 보디발이 자신의 모든 소유를 요셉의 손에 위임하였다고 기록하고 있기 때문에 요셉은 부자인 보디발의 청지기로 산 것을 알 수 있다.

청지기란?

우리가 성경적으로 행복한 부자가 되기 위해서는 청지기 개념을 올바로 이해할 필요가 있다. 웹스터 사전에 의하면 청지기란 '다른 사람의 재산을 관리하는 사람'이다. 청지기를 일상용어로는 관리자 또는 경영자로 이해하면 된다. 기업 용어로 말한다면 주주나 채권자의 소유를 대신 관리하는 사람이 곧 경영자이며 청지기인 것이다.

청지기 개념을 보다 근본적으로 이해하기 위해서는 천지와 그 가운데 있는 모든 것이 하나님이 만드신 것이라는 것을 알아야 한다. 하나님께서는 사람을 자기 형상대로 지으시고 모든 만물을 다스리는 권한을 사람에게 위임하셨다.

"하나님이 가라사대 우리의 형상을 따라 우리의 모양대로 우리가 사람을 만들고 그로 바다의 고기와 공중의 새와 육축과 온 땅과 땅에 기는 모든 것을 다스리게 하자 하시고" (창세기 1:26)

불의한 청지기

성경에는 두 종류의 청지기가 등장한다. 첫 번째 청지기는 주인의 뜻과는 관계없이 자기 멋대로 재물을 벌고 사용하는 사람이다. 이를 '불의한 청지기'라 부를 수 있다. 불의한 청지기를 잘 이해하기 위해서는 누가복음 16장에 나오는 불의한 청지기의 비유를 살펴보아야 한다.

불의한 청지기는 주인의 소유를 낭비하였다. 주인이 자기에게 맡긴 재물을 부정직하게 사용한 것이다. 좀 더 근본적으로 말한다면 주인인 하나님을 섬기는 대신에 재물을 하나님으로 섬긴 사람이다. 그것은 하나님과 재물의 특성을 제대로 몰랐기 때문에 일어났다. 주님은 이 비유에서 사람은 누군가를 섬기면서 살아야 하는 의존적 존재라고 말씀하신다. 예수 그리스도는 이 비유에서 사람이 섬길 수 있는 대상으로 하나님과 재물이 있는데, 예수 그리스도를 따르는 제자는 하나님과 재물을 동시에 섬길 수 없다고 말씀하시기 때문에 그리스도인은 이 사실을 깊이 깨달아야 한다.

재물의 특성

우리가 하나님과 재물을 겸하여 섬길 수 없다면 재물과 하나님에 대해서 그 속성을 철저하게 이해해야 한다. 우선 우리의 주인이 될 수 있는 재물에 대해 그 특성을 바로 알아보자. 누가복음 16장 9절부터 12절까지를 묵상하여 연구하게 되면 각 절로부터 재물에 대한 네 가지 속성을 찾을 수 있다.

첫째, 9절에서 재물을 불의한 것으로 묘사하고 있는데 이것은 재물의 일시성과 불확실성을 나타낸 것이다. 재물은 영구히 존재하지 않고 불확실하기 때문에 재물이 주어지면 신속히 영원한 상태로 교환해서 보관할 필요가 있다. 그래서 주님은 이 불의의 재물로 친구를 사귀는 데 사용하도록 권하고 있다.

둘째, 예수 그리스도는 누가복음 16장 10절에서 재물은 그 가치가 매우 작은 것이라고 설명하고 있다. 특히 사람의 가치에 비하면 상대적으로 작다. 요나서에는 피조물의 상대적 가치가 잘 나타나 있다. 요나가 니느웨 성에 가서 하나님의 말씀을 전하도록 두 번째 명령을 받았을 때 니느웨로 가서 말씀을 외쳤다. 온 백성이 회개하고 하나님께로 돌아오자 요나는 화가 났다. 그는 니느웨 백성이 구원받는 것을 기뻐하지 않았기 때문이다.

요나가 내리쬐는 햇빛으로 인하여 괴로워 하자 하나님께서 박넝쿨을 준비하셨다. 요나가 박 넝쿨 때문에 크게 기뻐하자 하나님께서 벌레를 준비하여 그 박넝쿨을 씹게 하시니 박 넝쿨은 금방 시들어 버렸다.

해가 뜰 때에 하나님께서 이번에는 뜨거운 동풍을 준비하셔서 요나 머리 위에 비취게 하자 요나는 스스로 죽기를 구하며 화를 내게 되었다. 이때 하나님은 다음과 같이 말씀하신다.

"여호와께서 가라사대 네가 수고도 아니하였고 배양도 아니하였고 하룻밤에 났다가 하룻밤에 망한 이 박 넝쿨을 네가 아꼈거든 하물며 이 큰 성읍, 니느웨에는 좌우를 분변치 못하는 자가 십이만여 명이요 육축도 많이 있나니 내가 아끼는 것이 어찌 합당치 아니하냐" (요나서 4:10~11)

이것으로 미루어 볼 때 하나님께서는 사람과 육축이 식물보다 더 가치가 있다는 것을 우리에게 알려 주고 있다.

또 다른 사건들을 통해서 예수님은 사람이 동물보다 더 귀하다는 것을 우리에게 분명하게 가르치고 있다. 마가복음 5장에 소개되었듯이 거라사 지방의 귀신 들린 사람을 고치실 때 예수님께서 어떻게 하셨는가를 보면 잘 이해할 수 있다. 예수 그리스도는 거의 2,000마리나 되는 돼지 떼를 바다에 몰사시키면서까지 한 생명을 구하셨다. 우리나라에서 삼풍 백화점이 붕괴될 때, 붕괴 위험이 있는 것을 알고도 돈에 눈이 멀어 많은 사람들의 생명을 희생시킨 것과는 너무 대조적이지 아니한가!

셋째, 예수 그리스도는 11절에서도 9절에서처럼 재물을 불의한 것으로 묘사하고 있는데 여기서는 다른 의미를 함축하고 있다. 즉 재물의 부정직성을 의미한다. 사람들은 돈을 많이 소유하면 할수록 더 행복하고 윤택하게 살 수 있다고 생각하는 성향이 있는데 이것은 성경의 관점과는 거리가 멀다. 성경은 솔로몬을 통하여 사람이 아무리 소득이 많고 재산이 늘어도 그것으로 만족할 수 없다고 전도서 5장 10절에서 밝히고 있다.

"은을 사랑하는 자는 은으로 만족함이 없고 풍부를 사랑하는 자는 소득으로 만족함이 없나니 이것도 헛되도다"

예수님은 산상수훈에서 오히려 의에 주리고 목마른 자가 참 만족을 누릴 수 있다고 가르쳐 주신다

"의에 주리고 목마른 자는 복이 있나니 저희가 배부를 것임이요" (마태복음 5:6)

마지막으로, 누가복음 16장 12절에 의하면 재물은 우리의 것이 아니라 하나님의 것이다. 우리가 이 세상에 올 때 어떤 사람도 무엇을 가지고 온 사람이 없고 또한 가져갈 수도 없기 때문에 재물은 하나님의 소유이지 우리의 것이 아니다.

"땅과 거기 충만한 것과 세계와 그 중에 거하는 자가 다 여호와의 것이로다" (시편 24:1)

학개서와 성경의 다른 여러 부분에서도 모든 것이 하나님의 소유라는 사실을 반복해서 알리고 있다.

"은도 내 것이요 금도 내 것이니라 만군의 여호와의 말이니라" (학개 2:8)

하나님은 어떤 분인가?

앞에서 재물의 특성을 알았으니 이제는 하나님이 어떤 분인지 알아야 할 차례다. 무엇보다도 하나님은 영원한 분이다. 재물은 일시적인 성격을 가지고 있으나 하나님은 어제나 오늘이나 영원하도록 변함이 없는 분이다.

또한 하나님은 우주를 창조하시고 다스리시는 분으로 지극히 광대하시기 때문에 그 가치가 엄청나 우리 사람의 척도로서는 헤아릴 수 없다. 주의 손가락으로 하늘과 달과 별들을 만드셨다. 또한 모든 우양과 들짐승이며 공중의 새와 바다의 어족과 해로에 다니는 것도 그분이 만드셨다. 그리고 무엇보다도 사람을 자기의 형상대로 지으신 분이다. 하나님은 우리를 지으신 분이기에 우리의 필요한 것을 잘 아신다. 하나님 아버지께서는 우리가 먹고 마실 것이 필요하며 입을 옷이 필요하다는 것을 다 알고 계신다. 또한 사람은 이것만으로 만족할 수 없으며 하늘에서 내리는 만나로 영적 만족을 채울 수 있다는 사실도 하나님은 알고 계신다. 그리고 하나님은 우리의 필요를 아실 뿐만 아니라 필요를 채워주시는 분이다.

하나님께서 이사야 선지자를 통하여 말씀하시는 것에 귀를 기울여 보자.

"너희 목마른 자들아 물로 나아오라 돈 없는 자도 오라 너희는 와서 사 먹되 돈 없이 값없이 와서 포도주와 젖을 사라 너희가 어찌하여 양식 아닌 것을 위하여 은을 달아주며 배부르게 못할 것을 위하여 수고하느냐 나를 청종하라 그리하면 너희가 좋은 것을 먹을 것이며 너희 마음이 기름진 것으로 즐거움을 얻으리라" (이사야 55:1~2)

우리의 모든 필요를 채워주실 수 있는 하나님이 참된 부가 아니고 무엇이겠는가! 돈이 우리에게 참 만족을 줄 수 없고 하나님만이 진정한 만족을 줄 수 있다.

우리가 돈을 지갑에 넣어 가지고 다닐 수는 있어도 마음속에 소유하여 즐길 수는 없다. 이런 의미에서 재물은 남의 것이다. 이와는 반대로 우리는 하나님을 소유할 수 있다. 누구든지 예수 그리스도를 영접한 자는 성령으로 인하여 하나님을 소유한 셈이다. 예수 그리스도를 영접한 자는 하나님의 성전이 되어 우리 안에 계시기 때문에 우리는 하나님을 소유하면서 살고 있는 것이다.

"너희가 하나님의 성전인 것과 하나님의 성령이 너희 안에 거하시는 것을 알지 못하느뇨" (고린도 전서 3:16)

돈이냐? 하나님이냐?

이제 독자들은 하나님과 재물 중에 하나를 주인으로 선택해야 될 시점이 되었다. 두 주인의 특성을 충분히 이해했기 때문에 재물을 주인으로 선택할 만큼 어리석은 사람은 아마도 없을 것이다. 그러나 실제로 생활을 하다 보면 돈이 크게 보이며 돈을 주인으로 삼고 살 때가 많다.

그래서 선지자들은 계속해서 이스라엘 백성들이 풍요의 이방신을 섬기지 말고 여호와를 섬기라고 외치곤 했다. 엘리야는 이스라엘 백성이 두 주인 사이에 머뭇거리는 것을 보고 한 주인을 선택하도록 결단을 촉구하였다.

"엘리야가 모든 백성에게 가까이 나아가 이르되 너희가 어느 때까지 두 사이에서 머뭇머뭇 하려느냐 여호와가 만일 하나님이면 그를 좇고 바알이 만일 하나님이면 그를 좇을지니라 하니 백성이 한 말도 대답지 아니하는지라" (열왕기 상 18:21)

오늘날에도 그리스도인들이 옷 한 벌 때문에 거짓 증거를 하고 뇌물 때문에 국가경제를 파탄지경에 빠뜨리는 현실을 바라보면 우리가 누구를 섬기고 있는지를 알 수 있다. 거짓 소유주인 바알을 버리고 참 소유주인 하나님께 돌아가야 할 때다.

주님께서는 사람이 하나님과 돈을 겸하여 섬길 수 없다고 선언하신다.

"집 하인이 두 주인을 섬길 수 없나니 혹 이를 미워하고 저를 사랑하거나 혹 이를 중히 여기고 저를 경히 여길 것임이니라 너희가 하나님과 재물을 겸하여 섬길 수 없느니라" (누가복음 16:13)

영어 성경에 재물(Money)을 대문자로 쓴 것을 유의해 보아야 한다. 돈은 하나님에 필적할 만한 권세를 가진 물신이라는 뜻이다. 또 미국인들이 그들의 모든 달러 지폐와 동전에 '우리는 하나님을 믿는다'(IN GOD WE TRUST)라고 기록하고 있다는 사실은 매우 흥미롭다. 우리는 돈의 권세를 가볍게 생각하고 넘겨서는 안 된다.

명의 이전

이제 우리가 하나님이 모든 것의 소유주인 것을 깨달았으니 로버트 멍어의 글을 읽어보자.[1)]

나는 갑자기 질문을 드렸다.

"주님, 이 집 전체에 대한 책임을 당신이 쥐고서 그 벽장을 치우셨듯이 저를 위해서 이 집을 다스릴 수는 없겠습니까? 제 마음을 바람직한 상태로 만들고, 제 삶이 마땅히 설 곳에 서도록 하는 책임을 맡아 주시지 않겠습니까?"

나는 대답하시는 그분의 얼굴이 밝아져 오는 것을 볼 수 있었다.

"암, 맡아 주고 말고. 그것이 바로 내가 와서 하려던 일이다. 네 자신의 힘으로는 승리하는 그리스도인으로 살 수가 없다. 도저히 불가능하다. 내가 너를 통해서, 또 너를 위해서 할 수 있도록 해다오. 그것만이 유일한 해결책이다."

"그런데…?" 하고 그분은 덧붙여서 천천히 말씀하셨다.

"나는 한갓 이 집의 손님일 뿐 주인이 아니다. 내게는 일을 수행할 권한이 없다. 건물이 내 소유가 아니니까 말이야."

나는 곧 그 점을 깨달았고, 흥분된 어조로 이렇게 소리쳤다.

"주여, 당신은 손님이었고, 제가 주인이었습니다. 이제 후로는 제가 하인이 되려합니다. 당신이 저와 이 집의 주인이 되어 주십시오."

나는 서둘러 금고로 달려가서 재산과 부채 및 가옥과 부지와 매매조건이 명시되어 있는 집문서를 꺼냈다. 그리고 그분께 황급히 돌아와서 간절한 마음으로 서명을 한 뒤 무릎을 꿇고 영원히 그분의 소유가 되도록 넘겨드렸다.

"저 여기에 제 존재와 소유의 모든 것이 있습니다. 이제 당신이 집을 운영하여 주십시오. 저는 단지 심부름꾼으로서, 친구로서 당신의 곁에 있겠습니다."

이제 우리도 로버트 멍어와 같이 우리의 모든 소유물을 나열하고 정리하여 하나님께 명의를 이전하여 드리자. 그리하여 소유의 속박으로부터 벗어나 참 자유를 누려 보자. 그리고 그분이 원하시는 대로 심부름을 할 준비를 하자. 독자들은 이 장의 부록에 있는 명의 이전 증서를 작성하여 봄으로써 소유주가 아니라 청지기의 신분으로 새 출발을 했으면 좋겠다.

• 부록 : 명의 이전 증서

명의 이전 증서

명의 이전 증서 작성 일자 :　　　년　　월　　일

나(우리)는 여기에 나열한 모든 소유물을 나(우리)의 소유로부터 주님께 양도합니다.

소유물 목록 :

1. 자산의 종류

2. 부채의 종류

증인 서명 :

상기 소유물의 청지기 서명 :

청지기의 삶

1. 청지기란 어떤 사람이라고 생각합니까? 또 청지기가 소유주와 어떻게 다른지를 생각해 봅시다. 기업과 관련시켜 설명해 보세요.

2. 누가복음 16:1~13(특히 16:9~12)을 읽고 재물의 특성과 하나님의 속성을 비교해 봅시다.

3. 삶 속에서 사람보다 돈이 더 가치가 있다고 알고 지낸 결과 어려움을 겪었던 일이 있으면 나누어 봅시다.

4. 로버트 멍어의 글을 읽고 나서 느낀 점을 서로 이야기해 봅시다.

5. 각자가 이 장의 부록에 있는 명의 이전 증서를 작성해 보고 기도한 후에 자신이 느낀 점을 말해 봅시다.

"너희 중에 누가 망대를 세우고자 할진대 자기의 가진 것이 준공하기까지에 족할는지 먼저 앉아 그 비용을 예산하지 아니하겠느냐 그렇게 아니하여 그 기초만 쌓고 능히 이루지 못하면 보는 자가 다 비웃어 가로되 이 사람이 역사를 시작하고 능히 이루지 못하였다 하리라"

누가복음 14:28~30

재무 계획과 예산 세우기

어떤 그리스도인들은 계획을 세워서 살기보다는 믿음으로 살아야 한다고 착각하며 살아가고 있다. 또 예산을 수립하여 그에 따라 지출하는 대신에 믿음대로 쓰고 나면 하나님이 채워 주신다는 말들을 이따금 듣기도 한다. 이런 말들을 듣다 보면 계획을 세우고 예산을 수립하는 사람들은 마치 믿음이 없는 사람처럼 느껴질 때가 있다. 이렇게 생각하는 그리스도인들은 성경을 제대로 이해하지 못해서 그렇다고 볼 수 있다. 독자들은 이 장을 읽은 다음에는 재무 계획을 세우며 예산을 생활화하는 사람이 오히려 믿음이 있는 사람이라는 것을 이해하게 될 것이다.

청지기는 경영자다

하나님은 아무런 계획도 없이 일하시는 분인가? 그렇지 않다. 하나님이 만물을 창조하실 때에도 창조 목적을 가지고 일하셨다. 창세기 1장을 자세히 읽어 보면 하나님은 말씀으로 창조를 계획하셨다는 것을 알 수 있다. 그리고 말씀하신 대로 그것을 실행해 만드셨다. 그리고는 계획대로 만들어진 것을 보시고 "보시기에 좋았다"라고 평가를 하셨다.

따라서 하나님은 계획자요 실행자이시다. 그리고 평가자시다.[2] 계획 · 실행 · 평가의 과정을 경영 또는 관리라고 한다. 그러므로 하나님은 경영자라 할 수 있다. 하나님이야말로 우리의 최고 경영자임을 인정해야 한다.

하나님께서 말씀하신 것이 그분의 경영이며 계획이라는 것을 성경의 여러 곳에서 발견할 수 있다. 이사야서에 나타난 것을 살펴보자.

"내가 동방에서 독수리를 부르며 먼 나라에서 나의 모략을 이룰 사람을 부를 것이라 내가 말하였은즉 정녕 이룰 것이요 경영하였은즉 정녕 행하리라" (이사야 46:11)

"From the east I summon a bird of prey; from a far-off land, a man to fulfill my purpose. What I have said, that will I bring about ; what I have planned, that will I do"

이 구절을 영어로 읽어보면 하나님께서 말씀하신 것(what I have said)과 계획하신 것(what I have planned)이 정확하게 일치한다. 우리말 성경에는 계획이 경영으로 번역되어 있다.

사람도 하나님의 형상으로 창조되었기 때문에 하나님처럼 경영을 한다. 즉 계획하고 계획한 것을 실행하고 평가하기도 한다. 그런데 사람도 말로 계획을 나타내기도 한다. 물론 글로써 계획을 세우기도 한다. 그런데 사람들은 하나님의 계획과는 달리 악한 계획을 하기도 한다. 잠언에 나타난 악인의 계획을 들어보자.

"우리와 함께 가자 우리가 가만히 엎드렸다가 사람의 피를 흘리자 죄 없는 자를 까닭 없이 숨어 기다리다가 음부같이 그들을 산채로 삼키며 무덤에 내려가는 자 같게 통으로 삼키자 우리가 온갖 보화를 얻으며 빼앗은 것으로 우리 집에 채우리니 너는 우리와 함께 제비를 뽑고 우리가 함께 전대 하나만 두자" (잠언 1:11~14)

악인이 불의한 방법으로 돈을 모으기 위해 의인을 꾀는 모습이 여기에 나타나 있다. 그러나 솔로몬은 우리들이 그러한 꾀임에 넘어가지 않도록 훈계한다. 불의한 이를 탐하는 자는 자기 피를 흘리게 되고 자기 생명을 해할 뿐이기 때문이다.

그렇다면 어떤 계획을 세워야 하는가? 야고보서를 통하여 알아보자.

"너희 중에 말하기를 오늘이나 내일이나 우리가 아무 도시에 가서 거기서 일 년을 유하며 장사하여 이를 보리라 하는 자들아 내일 일을 너희가 알지 못하는도다 너희 생명이 무엇이뇨 너희는 잠깐 보이다가 없어지는 안개니라 너희가 도리어 말하기를 주의 뜻이면 우리가 살기도 하고 이것 저것을 하리라 할 것이거늘" (야고보 4:13~15)

야고보 사도는 하나님의 뜻을 고려하지 않고 계획을 세우는 것을 경고하고 있다. 따라서 사람이 계획을 세우는 것이 나쁜 것이 아니라 하나님의 계획을 무시하고 자신의 계획을 세우는 것이 문제가 있는 것이다.

재무 계획도 하나님의 뜻

돈을 어떻게 벌고 저축하고 써야 하는가에 대한 계획을 재무 계획이라 한다. 그런데 그리스도인은 궁극적인 재무 목표를 늘 염두에 두고 계획을 세워야 한다. 예수 그리스도의 말씀을 읽고 깊은 뜻을 이해하자.

"너희를 위하여 보물을 땅에 쌓아 두지 말라 거기는 좀과 동록이 해하며 도적이 구멍을 뚫고 도적질하느니라 오직 너희를 위하여 보물을 하늘에 쌓아 두라 거기는 좀이나 동록이 해하지 못하며 도적이 구멍을 뚫지도 못하고 도적질도 못하느니라" (마태복음 6:19~20)

재물은 없어지는 속성이 있고 우리가 이 세상을 떠날 때 가지고 갈 수 없다. 그래서 주님께서는 돈을 이 땅 위에 모으는 데만 급급한 사람들에게 오히려 선한 일을 하여 천국 은행 통장에 미리 예금하도록 가르치고 있다.

예산도 하나님의 뜻

이제 계획하는 것이 하나님의 뜻이라는 사실이 명확해졌다. 그렇다면 예산 수립은 어떠한가? 숫자로 세우는 계획을 특히 예산이라 한다. 우리가 하루하루 시간 계획을 세우며 사는데 이것이 곧 시간 예산이다. 또 화폐 단위로 계획을 세우는 것이 화폐 예산이다. 보통 예산이라고 하면 바로 화폐 예산을 말한다.

예수께서는 제자들의 자격 조건을 이야기하실 때 예산의 필요성을 강조하셨다.

"너희 중에 누가 망대를 세우고자 할진대 자기의 가진 것이 준공하기까지에 족할는지 먼저 앉아 그 비용을 예산하지 아니하겠느냐 그렇게 아니하여 그 기초만 쌓고 능히 이루지 못하면 보는 자가 다 비웃어 가로되 이 사람이 역사를 시작하고 능히 이루지 못하였다 하리라" (누가복음 14:28~30)

대차대조표를 통한 재무 상태 파악

이제 재무 계획을 하고 예산을 수립하는 것이 하나님의 방법이라는 것을 알았다. 그런데 재무 계획을 보다 구체적으로 수립하기 위해서는 현재의 재무 상태를 파악할 필요가 있다. 재무 상태의 현황을 알기 위해서는 두 가지의 재무제표를 작성해야 한다. 작성해야 할 재무제표 가운데 하나는 대차대조표이다. 이것은 아주 단순하다.

먼저 T자를 백지 위에 크게 쓰고 T자의 왼쪽에는 현재 가계가 소유하고 있는 모든 종류의 자산을 나열하고 각 자산의 시장 가치를 적으면 된다. 물론 자산을 화폐 자산, 유형 자산, 그리고 투자 자산별로 분류하여 작성하면 더욱 좋다.

〈표〉 가계 대차대조표의 양식

년 월 일 현재

자산 (플러스 재산)	부채 (마이너스 자산)
	자본 (순 자산)

화폐 자산은 현금화가 쉬운 자산이다. 수중에 있는 현금을 비롯하여 예금이 여기에 해당한다. 단기간 남에게 빌려준 돈도 여기에 속한다.

유형 자산은 삶의 라이프 스타일을 유지하기 위해 소유하는 자산으로 주택과 자동차, 가전제품 등이 이에 해당한다. 그리고 투자 자산은 추가의 소득이나 가치 증식을 위해 획득한 자산이다. 주식, 채권, 그리고 수익증권 등이 이에 속한다.

T자의 오른 쪽에는 다시 두 가지를 적으면 된다. 윗 부분에는 갚아야 할 부채의 금액은 종류별로 기록한다. 그리고 아래 부분에는 자산의 합계에서 부채 총액을 차감하여 자본을 기록한다. 부채가 자산보다 많으면 자본잠식 상태로 가계 재무가 위태로운 지경에 있는 셈이므로 대책을 강구해야 한다.

가계부 작성

현재의 재무 상태를 파악하기 위해 작성해야 하는 또 다른 하나의 재무제표는 수입지출명세서이다. 가계가 월별로 수입과 지출 규모를 알아야 예산을 세울 수 있다. 예산을 세우기 위해서는 먼저 근거로 사용할 수 있는 기초 자료가 필요하다. 기초 자료를 얻기 위해서는 가계부 작성이 필수적이다.

어느 가정이나 풍요로운 생활을 원하고 있다. 그러나 이러한 풍요로운 삶은 저절로 찾아오지 않는다. 과거처럼 주먹구구식의 살림살이로는 결코 부자가 될 수 없다. 아무리 수입이 많은 자라도 소비 지출을 짜임새 있게 하지 않으면 넉넉한 살림을 할 수 없다. 수입이 적어 빠듯하게 사는 사람들은 가계부를 쓸 필요가 없다고 생각하는 경향이 있다. 한때 필자의 아내도 그렇게 생각했던 것 같다.

"여보, 이제 당신도 가계부를 한번 써 봐요"하며 가계부 작성을 권했을 때 아내의 반응은 이랬다.

"당신이 가지고 오는 월급이 빤하고 나는 헛된 데 쓰지 않는 알뜰 주부이니 가계부를 쓸 필요가 있겠어요?"

이런 반응에 나도 어느 정도 수긍이 가긴 했다. 아내는 성격상 사치를 모르는 주부이기 때문이다.

"그래 당신 말이 맞아요. 그래도 내가 가계 경제 강의를 할 때마다 가계부를 작성하는 것이 지혜롭다고 가르치고 있으니 한번 작성해 봐요."

이렇게 말한 후에 서점에서 여성 잡지 연말부록으로 나온 가계부 한 권을 사서 아내에게 갖다 주었다. 첫 달을 작성한 후에 집계를 했는지 물어본 적이 있었다. 그 때 아내의 첫 마디는 다음과 같았다.

"지난 달 당신 용돈으로 너무 많이 나갔어요."

용돈을 몇만 원씩 줄 때는 많은 줄 모르고 주었다가 한 달 집계를 해 보니 본인이 생각했던 것보다 많았던 모양이었다. 이처럼 가계부를 작성하게 되면 지출 패턴과 항목별 과다 지출 내용을 파악할 수 있다.

한 조사에 의하면 규칙적으로 가계부를 쓰는 주부는 30%정도이다. 그리고 30% 정도는 가끔 작성하는 편이다. 나머지는 "전혀 작성하지 않는다"라고 응답하였다.

그런데 가계부 작성이 살림을 효율적으로 하는 수단이라면 우리는 가계부를 습관적으로 작성할 때까지 훈련을 할 필요가 있다.

필자가 아는 어느 교수는 가계부를 초등학교 다닐 때부터 작성했다는 말을 들었다. 어릴 때부터 가계부를 작성하는 일이 몸에 배었기 때문에 요즈음도 큰 일이든 작은 일이든 시작할 때에 얼마나 철저하게 계획하고 예산을 세우는지 주위의 사람들도 놀라게 된다. 어릴 때부터 돈 관리를 꼼꼼히 했기 때문에 그분은 현재 수억 원이 소요되는 장학 사업도 하고 학교를 설립하여 인재를 키우는 삶을 살고 있다.

가계부 작성 요령

가계부를 쓰기 위해서는 먼저 가계부를 한 권 마련해야 한다. 가계부마다 양식이 다르겠지만 각자가 이해하기 쉬운 양식을 구하면 된다. 너무 복잡하면 스스로 만들어 써도 좋다. 가계부는 매일의 수입과 지출을 적도록 되어 있다. 그런데 월급을 받는 사람은 수입은 한 달에 한 번 기록하게 된다. 물론 급여소득 외에 저축 인출이나 차입을 통한 수입이 있을 수 있다.

지출에는 헌금, 세금과 공과금, 식비, 주거비가 있다. 그리고 광열비, 수도비, 피복비, 보건위생비, 교육비, 경조비, 통신비가 있다. 또 저축과 차입금 상환이 있을 수 있다.

가계부를 한 일 년 정도 쓰게 되면 가계의 수지 상황을 잘 파악할 수 있게 된다. 저자가 투자론을 수강하는 대학생들에게 가계부를 한 달 작성해서 작성 소감을 적어서 내도록 한 적이 있었다. 학생들이 가계부를 한 달 작성했는데도 자신의 잘못된 소비 습관을 깨닫고 수정해야겠다는 의지를 보여 주었다. 어떤 학생은 '유흥비를 과다하게 지출해서 적자가 되었으니 유흥비를 줄여야 하겠다'고 소감을 적었다. 또 어떤 학생들은 '가계부를 계속 작성해서 합리적인 소비생활을 하겠다'고 다짐하기도 했다.

가계부를 쓰는 일이 쉬운 일은 아니다. 보통 주부가 가계부를 쓰고 있으나, 아내가 숫자 감각이 부족할 경우에는 남편이 쓸 수도 있다. 누가 작성하든 서로의 협조가 필요하다. 지출 내용에 따라 상호 보고를 해 주어야 제대로 가계부를 작성할 수 있다. 가계부를 쓰게 되면 부부간에 대화습관이 몸에 배게 된다. 진솔한 대화는 행복한 가정생활을 하는 데 필수적인 요소이다.

예산 수립의 원칙과 방법

예산이란 우리 가정에서 돈을 관리하는 계획이다. 그런데 대부분의 사람들은 계획을 세우는 것을 시간 낭비라고 생각하는 경향이 있다. 결코 그렇지 않다. 우리는 어떤 일을 조급한 마음으로 하다가 실수하여 오히려 시간과 노력이 더 소요되는 것을 가끔 경험하지 않는가. 그래서 예수께서는 우리에게 먼저 앉아서 계획을 세운 후에 일을 하는 것이 매우 지혜로운 행위라고 가르치고 있는 것이다.

예산을 잘 세우고 활용하면 우리에게 어느 정도의 규모의 주택을 언제 살 수 있게 되는지, 또 어떤 종류의 차를 몰고 다닐 수 있는가를 결정하는 데 도움이 된다. 또한 어떤 종류의 보험에 들어야 하며 심지어 어떤 옷을 입을 것인가를 결정하는 데도 유익하다.

예산은 어떻게 수립하는가? 예산을 수립하는 데 다음과 같은 몇 가지 원리를 기억할 필요가 있다. 예산을 수립할 때에는 모든 예산 관계자가 참여하는 것이 중요하다. 이것을 '참여의 원리'라고 부를 수 있다. 예산을 수립할 때 모든 가족 구성원이 함께 참여하게 되면 가정의 재무 상태를 알 수 있을 뿐만 아니라 삶의 방향도 이해할 수 있게 된다. 특히 남편과 아내가 일치된 예산을 짤 수 없다면 그리스도인 재무 전문가에게 조언을 구할 필요가 있다. 그들에게 예산 수립을 도와달라고 부탁할 수 있다. 잠언은 조언을 구하고 상담을 통해서 그 계획이 이루어진다고 가르쳐 주고 있다.

"의논이 없으면 경영이 파하고 모사가 많으면 경영이 성립하느니라" (잠언 15:22)

또 예산을 수립할 때 실행이 가능한 예산을 세워야 한다. 이 원리는 '실행가능성의 원리'라고 부를 수 있다. 실행할 수 없는 계획과 예산은 마치 하늘의 별을 따려는 꿈과 같다. 예산 그 자체에는 신기한 마법이 없다. 또 예산이 스스로 일하지도 않는다. 예산은 오직 실천에 옮길 때만 의미와 가치가 있는 것이다. 따라서 실행이 불가능한 예산을 수립해서 좌절감을 느끼는 것보다 실행이 가능한 예산을 편성해서 실행의 기쁨을 맛보는 것이 훨씬 낫다.

예산을 세울 때 너무 복잡하게 하지 않는 것이 좋다. 특히 처음 예산 생활을 시작하는 초보자에게는 될수록 단순한 예산 체계를 사용할 필요가 있다. 이것을 '단순성의 원리'라고 부르자. 서점에서 파는 대부분의 예산 장부는 전문적인 회계사에 의해 만들어져서 매우 복잡하게 되어 있다. 이런 복잡한 예산 장부를 가지고는 이해하기도 힘들 뿐더러 관리하는 데도 많은 시간이 걸릴 수 있다.

예산 수립이 성공적으로 되기 위해서는 수입과 지출을 기록할 필요가 있다. 충실히 기록하지 않고서는 당신의 돈을 잘 관리할 수 있는 방법은 없다. 이것을 '기록의 원리'라고 하자. 지출의 기록을 정확히 하기 위해서는 메모장을 가지고 다닐 필요가 있다. 지출하는 일이 있을 때마다 메모장에 기록해 두었다가 시간을 내어 장부에 기록하는 것이다. 기록을 잘 하기 위해서는 물건을 구입할 때마다 영수증을 받는 습관이 필요하다. 물론 신용카드를 사용하는 사람이라면 구매할 때 될수록 신용카드로 지출하는 것도 좋다. 물론 신용카드를 사용할 때 주의하지 않으면 많은 위험이 따르는 것은 사실이다. 어떤 교수는 만일의 분실이나 다른 위험으로 인한 금전적 손실을 최소화하기 위해 아예 은행으로부터 매월 사용 한도액을 60만 원으로 하고 있다는 이야기를 들은 적이 있었다. 그분의 신용으로 볼 때 수천만 원을 신용 한도로 할 수도 있겠지만 사고를 미연에 방지하기 위해 사용한도를 합리적 수준으로 제한하고 있는 셈이다.

예산 체계가 간편하고 단순해야 하기 때문에 그것을 관리하는 데 한 시간 이상 걸린다면 단순성의 원리를 어긴 셈이 된다. 그런데 누구나 할 수 있는 가장 간단한 예산 제도가 있었다. 그것은 미국 은행에서 가계수표를 사용하기 전에 사용했던 것으로 '봉투분류법'이다. 이 방법은 봉투에 돈을 분류해 관리하는 제도이다. 지출 항목이 열 가지라면 열 개의 봉투를 마련하고 십일조, 아파트 관리비, 식비, 자동차 유지비, 보험료, 교육비 등으로 분류하여 각 봉투의 겉면에 매달 각 항목별로 지출할 수 있는 돈의 액수를 기재해 둔다. 가계부를 전혀 사용해 보지 않은 사람에게는 이 봉투분류법을 사용해서 예산의 원리를 이해할 필요가 있다.

봉투분류법의 요령을 이해하기 위해 예를 들어 보자. 수입 예산이 월 200만 원인 가정의 경우 이것을 지출항목별로 봉투를 만들어 각 봉투에 할당된 돈을 넣는다. 예컨대 십일조 봉투에 20만 원을 넣어두었다가 주일에 지출하도록 한다. 그리고 오락 및 문화비 봉투에 5만 원이 할당되었는데 다음 급여일이 되기 전에 이 봉투에 넣어두었던 돈이 다 없어지게 되었다면 오락과 문화비는 더 이상 지출하지 않도록 하는 것이다. 이렇게 되면 예산을 초과하는 지출이 통제된다. 그러나 모든 돈을 은행에 예금해 두는 가정은 봉투분류법을 전적으로 사용하지는 못할 것이다.

예산을 구체적으로 시행할 수 있는 또 다른 방법으로 계정표 제도가 있다. 이것을 활용하기 위해서는 봉투의 기능을 대신하는 장부가 필요하다. 그 장부에는 각 예산 항목별로 예산 항목과 할당된 예산 금액을 적고 날짜별로 적요, 수입, 지출, 그리고 잔액을 각각 기록하여 예산을 관리하는 시스템이다. 만일 어떤 가정이 열 개의 예산 항목으로 예산을 할당하여 관리한다면 열 가지의 계정을 기록할 수 있도록 장부를 준비하면 된다. 예컨대, 자동차 유지비로 20만 원이 배정되었다면 금액을 20만 원을 적고 예산을 배정한 후 어느 날 기름을 주입하는데 4만 원을 지출하고 엔진 오일을 교체하는데 2만 3천 원이 들었다면 장부의 자동차 유지비 계정에 각각 기록하고 잔액을 계산하면 된다. 이 경우 잔액은 13만 7천 원이 된다. 이 계정의 잔액은 마치 봉투의 현금 잔액과 같이 자동차 유지비로 앞으로 쓸 수 있는 돈이 얼마인가를 말해주고 있다. 만일 이 잔액이 얼마 남지 않은 것을 알았다면 불필요한 여행을 줄여 예산 범위 이내에서 자동차를 사용하도록 노력할 수 있다.

단기 예산과 장기 예산

보통 예산은 연도별로 세운다. 그러나 현실적으로는 월별로 예산을 세워 관리하는 것이 일반적이다.

예산을 세우기 위해서는 기초 자료가 필요하다. 이 기초 자료는 어떻게 얻을 수 있는가? 두 가지 방법이 있다. 그 하나는 전년도에 소비한 금액들을 검토하는 것이다. 그러나 기록이 남아 있지 않거나 처음 예산을 시도하는 사람에게는 이 방법은 쓸 수 없다.

두 번째 방법은 남편과 아내가 적어도 한 달 이상 모두 현금 출납부를 사용하여 지출 내용과 금액을 기록하는 것이다. 그리고 두 장부를 합해 부부의 실제 지출 내용과 금액을 알 수 있다. 얼마나 지출되는지를 알기 위해 부부가 정직하게 기록하고 대화하는 일이 필수적이다. 예산을 수립하면 유용한 점 가운에 하나는 부부간의 대화가 촉진된다는 것이다.

모든 가정은 단기 예산 뿐만 아니라 장기 예산도 세워야 한다. 예를 들면, 자녀의 대학 교육을 위해서는 가급적 일찍이 대학 교육비 예산을 세우는 것이 지혜롭다. 또 퇴직 후의 생활을 위해서도 장기 예산을 세우고 대책을 마련하는 것이 좋다. 그러나 우리가 예산을 세울 때 그대로 집행이 되지 않는다고 해서 낙심할 필요는 없다. 오히려 사람이 세우는 계획은 불완전하기 때문에 항상 융통성을 인정해야 한다. 잠언은 사람의 계획에 하나님이 간섭하신다고 기록하고 있다.

"사람이 마음으로 자기의 길을 계획할지라도 그 걸음을 인도하는 자는 여호와시니라" (잠언 16:9)

생각해 봅시다

재무 계획과 예산 세우기

1. 저자는 "하나님이 말씀하신 것이 곧 하나님의 계획이다"라고 주장하는데 당신도 그 주장에 동의하십니까? 성경의 말씀에 기초하여 이야기해 봅시다.

2. 재무 계획과 예산이 성경의 말씀과 일치한다고 생각합니까?
그 근거를 말해보세요. 또 이것이 '오직 믿음으로 살아야 한다'는 말씀과는 일치하지 않는 것인지 말해 봅시다.

3. 예산을 생활화하는 가장 좋은 수단이 무엇이라고 생각합니까?
당신은 가계부를 정기적으로 작성합니까?
또 가계부를 작성함으로써 얻는 유익과 어려운 점을 말해 봅시다.

4. 저자는 예산을 작성하는 원리를 몇 가지 소개하고 있는데 각각의 원리를 설명해 봅시다.

5. 예산을 구체화하는 방법에는 '봉투분류법'과 '계정표 제도'가 있습니다. 각 방법의 원리와 요령을 구체적으로 이야기해 봅시다.

6. 장기 예산의 예를 들어봅시다. 그리고 당신이 장기 예산을 수립할 때 겪는 어려움에는 어떤 것이 있는지 말해 봅시다.

"부자는 가난한 자를 주관하고 빚진 자는 채주의 종이 되느니라"

잠언 22:7

빚에 대한 성경의 가르침

충북 충주의 이모씨 집에 검은 선글라스를 낀 2명의 남자가 찾아왔다. 어느 신용정보회사 직원이라고 밝힌 이들은 "왜 빚을 갚지 않느냐"라며 이씨를 다그쳤다. 채권자인 단위농협이 이씨에 대한 추심을 이 신용정보회사에 의뢰했기 때문이었다. 채무 변제 최고장을 발송하고 밤낮을 가리지 않고 전화 독촉을 하는 것은 물론, 집을 비우면 대문에 경고장을 붙여 놓기도 했다. 92년 조카의 사료 대금 1,700만 원에 대한 보증을 섰다가 고스란히 떠안았던 이씨는 이날 벌인 승강이로 상심하다가 며칠 후 농약을 마시고 자살했다.[3)]

이러한 내용의 기사가 신문지상에 자주 등장한다. 이것은 빚과 보증으로 인한 고통이 얼마나 큰지 잘 보여준다. 빚으로 인해 고통을 당하는 이야기가 성경에도 나온다. 그중 하나는 열왕기 하에 소개되고 있다. 이 부분은 빚에 대한 교훈으로 매우 중요하기 때문에 성경의 본문 전체를 자세히 읽고 깊이 묵상하며 공부할 가치가 있다. 우선 내용을 한번 읽어보자.

"선지자의 생도의 아내 중에 한 여인이 엘리사에게 부르짖어 가로되 당신의 종

나의 남편이 이미 죽었는데 당신의 종이 여호와를 경외한 줄은 당신이 아시는 바니이다 이제 채주가 이르러 나의 두 아이를 취하여 그 종을 삼고자 하나이다

엘리사가 저에게 이르되 내가 너를 위하여 어떻게 하랴 네 집에 무엇이 있는지 내게 고하라 저가 가로되 계집종의 집에 한 병 기름 외에는 아무 것도 없나이다 가로되 너는 밖에 나가서 모든 이웃에게 그릇을 빌라 빈 그릇을 빌되 조금 빌지 말고 너는 네 두 아들과 함께 들어가서 문을 닫고 그 모든 그릇에 기름을 부어서 차는 대로 옮겨 놓으라

여인이 물러가서 그 두 아들과 함께 문을 닫은 후에 저희는 그릇을 그에게로 가져오고 그는 부었더니, 그릇에 다 찬지라 여인이 아들에게 이르되 또 그릇을 내게로 가져 오라 아들이 가로되 다른 그릇이 없나이다 하니 기름이 곧 그쳤더라

그 여인이 하나님의 사람에게 나아가서 고한대 저가 가로되 너는 가서 기름을 팔아 빚을 갚고 남은 것으로 너와 네 두 아들이 생활하라 하였더라" (열왕기 하 4:1~7)

묵상과 해석

이제 이 본문을 묵상하면서 그 내용을 살펴보자. 엘리사의 제자 중 한 사람이 죽었다. 어느 날 이 죽은 제자의 아내가 엘리사를 찾아왔다. 이 여인은 선지자에게 하소연을 하고 있었다.

"우리 남편은 선지자께서도 아시듯이 하나님을 두려워하며 열심히 주의 일을 하였는데 이제 채권자가 나의 두 자녀를 종으로 삼기 위해 집에 왔습니다. 그러니 나는 이제 어떻게 해야 합니까? 살길이 막막합니다."

이에 대해 엘리사가 도와주기 위해 여인의 집에 무엇이 있느냐고 물었을 때 기름 한 병 밖에는 아무 것도 없다고 대답했다. 이 여인은 무척 가난하게 살았다.

그러나 이 여인이 가진 것은 별로 없어도 믿음이 있는 것을 선지자는 보았다. 그래서 해결책을 이렇게 제시한다.

"너는 밖에 나가서 모든 이웃에게 그릇을 빌라 빈 그릇을 빌되 조금 빌지 말고 너는 네 두 아들과 함께 들어가서 문을 닫고 그 모든 그릇에 기름을 부어서 차는 대로 옮겨 놓으라"

이웃에게 빈 그릇을 빌리는 것도 그렇게 쉬운 일은 아니었을 것이다. 더군다나 모든 이웃으로부터 빈 그릇을 빌리는 일이 쉬운 일이었겠는가. 더욱 행하기 어려운 점은 두 아들과 함께 문을 닫고 모든 그릇에 기름을 부어서 그릇이 차는 대로 옮겨 놓으라는 명령일 것이다.

그런데 이 여인은 선지자를 신뢰한다. 그리고 그의 말씀에 의지하여 그대로 순종한다. 그러자 순종한 대로 모든 빈 그릇이 기름으로 가득 차는 신기한 일을 경험한다. 이 여인의 마음이 어떠했을까? 믿음으로 인해 맛보는 하나님의 기쁨이 충만했으리라.

이 기적은 마치 예수 그리스도께서 가나안 혼인잔치에서 포도주가 떨어졌을 때 하인들에게 "항아리에 물을 채워라" 말씀하시고 하인들이 믿음으로 순종하자 "이제는 떠서 연회장에게 갖다 주라"라고 명한 사건을 연상케 한다.

여인이 경험한 신비한 체험을 선지자에게 알리자 선지자의 가르침은 아주 단순했다. "너는 가서 기름을 팔아 빚을 갚고 남은 것으로 너와 네 두 아들이 생활하라." 먼저 기름을 팔아 빚을 갚고 남는 것으로 가족이 평안하게 살라는 것이다.

OPM을 통해 백만장자가 된다?

세상적인 재무관리 원리는 다른 사람의 돈(Other People's Money; OPM)을 최대한 잘 활용해서 부자가 될 수 있다고 가르친다. 이론적으로는 타인의 자본을 잘 활용하면 부가 늘어날 수 있다. 그런데 그것은 일시적으로는 가능할지 모르나 장기적으로는 맞지 않는다.

한때 OPM의 원리를 이용하여 기업 경영과 가계 경영을 잘 했으나 마침내 실패한 예를 하나 살펴보자. 먼저 미국 사업가인 로버트 더베스씨의 간증을 들어보자.[4]

CIT(Carnegie Institute of Technology)에서 경제학을 전공한 다음, 우리 가족 소유 기업인 더베스사(델라웨어주 윌밍턴 소재)에서 나는 OPM원리를 이용하는 약삭빠른 전문사업가가 되었다. 그리고 그것은 잘되어 가는 것처럼 보였다. 3년 동안 웨스팅 하우스사에서 일한 후 1967년 나는 아버지가 경영하는 더베스사에 합류했다. 그 후 10여 년 동안 주로 부채와 미래수익에 기초한 투기를 통해 종업원이 7명에서 100명으로 늘어날 정도로 사업이 확장되었다.

나는 OPM원리가 너무 좋아서 이 원리를 나의 개인 재테크에도 똑같이 적용시켰다. 나는 부동산, 사업개발, 식당, 그리고 아파트 등에 레버리지가 아주 높은 모험 자본을 가지고 투자를 했다. 나는 또한 커다란 집과 대형 자가용을 구입하고, 세심하게 공들여야 가능한 휴가를 다녀오는 등 값비싸고 사치스러운 생활을 계속했다. 이런 생활은 재미있었다.

그러나 불행히도 1970년대 말의 경기침체는 빚을 얻어 사는 사람은 빚으로 망할 수 있음을 보여 주었다. 약 8% 내외이던 우대금리가 21.5%

로 급상승함에 따라 수천억 원에 이르는 채무 규모에 대한 기업 대출금리가 24%까지 올랐다. 우리 가족 소유의 회사에 미친 영향은 확실히 치명적이었다. 튼튼하지 못한 기초 위에 있던 기업은 붕괴되고 말았다.

나의 개인적인 재테크 역시 이와 유사한 고전을 면치 못하였다. 나의 봉급으로는 개인 이자를 갚는 데도 부족하다는 것을 어느 순간 깨닫게 되었을 때는 확실히 충격이었다. 나의 전체 부채액은 7억 원이나 되었다. 그러나 나는 그 기간 동안 견뎌야 했던 압력이 고통스러웠음에도 불구하고 그로 인해 인생의 기본적인 사실을 하나 깨달을 수 있었기 때문에 오히려 감사를 드린다. 그 원리란 '나는 스스로 나의 삶을 통제할 수 없다'는 것이다. 바로 이 원리의 발견으로 말미암아 결국은 나의 삶을 통제할 수 있는 분인 예수 그리스도를 알게 되었다.

1981년 그리스도인이 된 후에 나는 성경책을 열심히 읽었다. 성경의 원리들, 돈과 관련된 원리를 따르기로 내가 결심했을 때 나의 삶은 전반적으로 눈에 띄게 변화되었다. 기업 경영을 위한 재무관리를 가르쳐 주었던 'Business By the Book'이라는 세미나와 재무와 관련된 하나님의 뜻을 공부하기 위해 매월 만났던 미국 기독실업인회(CBMC)의 갈렙 그룹과 관계를 맺게 된 것이 성경의 가르침을 내 삶에 적용하는 데 많은 도움을 주었다.

1985년에 나는 하나님의 도움으로 완전히 부채 없는 삶을 살겠노라고 하나님께 기도했다. 그것은 내 삶의 경험 때문만이 아니라 사회 전반적인 분위기가 남의 돈을 빌려 쓰는 것이었기 때문에 빚없이 살겠다는 생각 자체가 가히 혁명적이었다.

무차입 경영 기업의 증가

IMF 외환 위기가 발생했던 1997년에 많은 기업들이 부도가 났다. 부도기업의 특징 가운데 하나는 그들의 부채비율이 엄청나게 높았다는 사실이었다. 한국 기업들도 OPM을 활용해 기업 확장을 시도해 왔다. 그런데 은행을 비롯한 금융기관들은 부채비율이 높은 기업에 더 이상 돈을 빌려주기를 꺼렸다. 잘못하다가는 금융기관이 망하게 될 것이기 때문이었다. 이 무렵 금리는 한때 30%에 육박했다. 무슨 장사를 해서 연 30%의 이자를 내고도 버틸 수 있겠는가! 이 기간 동안에 이자를 감당치 못해 많은 기업들이 연쇄도산을 했다.

기업이 부채를 사용하는 데는 부채사용에 따른 이자를 비용으로 인정해주기 때문이다. 그러나 최근에는 기업이 부채사용의 플러스 효과가 있음에도 불구하고 무차입 경영을 선언하는 기업이 늘고 있다. 아주 바람직한 현상이다. 일찍 무차입 경영의 중요성을 깨달아서 실시했던 기업들은 오히려 IMF외환 위기기간에 구조 조정을 할 필요가 적어 시장의 변화에 발 빠르게 적응할 수 있었다.

금융기관들이 부실기업에 돈을 빌려주어 은행도 덩달아 부실이 되는 것을 깨달아 이제 가계 대출에 열을 올리고 있다. 기업은 나름대로 남의 돈을 이용하면 세제상의 혜택이 있고 전망이 좋은 기업을 헐값에 살 수 있는 투자기회가 있을 수 있다. 그러나 개인의 경우는 그런 혜택이 거의 없다. 그래서 빚을 사용할 때는 아주 주의해야 한다.

빚에 대한 성경의 원리

빚으로 인한 어려움을 충분히 살펴보았기 때문에 이제 빚에 대한 성경의 가르침을 배우자. 여기에 설명한 원리들은 모두 철저하게 이해할 필요가 있다. 하나의 원리와 관련된 성경 구절은 암송하여 수시로 묵상할 필요가 있다. 주의 말씀을 즐거워하여 밤낮으로 묵상하는 자가 행복하다고 시편 기자가 우리에게 가르치고 있기 때문이다.

빚진 자의 속박

빚이란 말은 아주 애매하게 쓰이는 때가 많다. '빚내다' 또는 '빚 얻다'라고 할 때는 이자를 지급하기로 하고 차입한 것을 말한다. 그러나 '빚 놓다' 또는 '빚 주다'라고 말할 때에는 빌려줄 때에 사용한다는 것을 알 수 있다. 이와 같이 빚이라는 말은 차입과 대출 양쪽에 다 사용되고 있어 혼동이 될 수 있다. 하지만 빚은 보통은 남에게 갚아야 할 돈, 즉 부채를 의미한다.

성경에서 사용되는 빚은 우리가 알고 있는 것보다 더 깊은 의미를 지니고 있다. 마태복음 6장의 '주님의 기도' 가운데 '우리가 우리에게 죄지은 자를 사하여 준 것 같이 우리 죄를 사하여 주옵시고'에는 '죄'란 말에 '빚'의 의미가 있는 'debt'을 사용하고 있다.

"Forgive us our debts, as we also have forgiven our debtors" (Matthew 6:12)

여기에서 죄의 의미로 사용되고 있는 debt는 헬라어로도 두 가지 의미를 가지고 있다. 즉 죄라는 뜻을 가지고 있기도 하면서 남에게 갚아야 할 부채란 의미도 가지고 있다. 예수 그리스도께서도 이 단어를 사용하신 데는 죄의 빚이나 물질의 빚이 유사한 특성을 가지고 있는 점을 부각시키기 위해서 일 것이다.

우리가 하나님과 사람들에게 죄를 지으면 마음과 몸에 고통을 느끼는 것처럼 물질의 빚도 지게 되면 비슷한 어려움을 겪게 된다. 이러한 속성을 잠언은 너무 분명하게 말하고 있다.

"부자는 가난한 자를 주관하고 빚진 자는 채주의 종이 되느니라" (잠언 22:7)

이 짧은 잠언은 빚진 자는 채권자의 종이 될 수 있는 처지에 놓이게 된다는 것을 우리에게 경고하고 있다. 열왕기 하에 나오는 이야기에서도 보았듯이 구약시대에는 돈을 빌리고 기한 내에 갚지 못할 경우에는 채권자가 빌린 사람과 자녀들을 종으로 삼을 수 있도록 법적으로 허용하고 있었다.

이 원리는 예수 그리스도의 시대에도 통용이 되었다. 그리고 미국에서도 20세기까지 이 법이 적용되고 있던 것이 발견되었다. 대부분의 큰 도시의 도서관에는 '채무자의 감옥(debtors' prison)'에서 그런 기록이 보관되어 있다. 한 기록을 읽어보자.[5)]

"백인인 아브라함 죤스톤은 노새 한 마리의 구입 대금으로 합의한 200달러를 지급하지 못하였기 때문에 6년 동안 또는 빚 문제가 해결될 때까지 채무자의 감옥에 처해짐"

오늘날은 법이 다소 느슨해지긴 했지만 여전히 채무자가 빚을 갚지 못할 경우에는 감옥에 가게 된다. 설령 감옥에는 가지 않게 되더라고 온갖 욕설과 함께 생명의 위협을 받기도 한다. 우리가 빚을 지게 되면 빌려준 자로부터 여러 가지의 속박을 받게 되어 있다. 이로 인해 채무자가 겪는 심리적인 압박감은 엄청난 것이다. 이것을 깊이 깨달은 사람은 남의 돈을 빌릴 때 결코 가볍게 여기지 않을 것이다.

차입의 허용

어떤 사람들은 차입 자체가 성경에 금지된 것으로 가르치고 있다. 이 사람들은 물론 좋은 의도를 가지고 가르치고 있다. 이런 입장을 가지고 있는 교사들은 그 근거로 로마서 13장 8절을 제시한다.

"피차 사랑의 빚 외에는 아무에게든지 아무 빚도 지지 말라 남을 사랑하는 자는 율법을 다 이루었느니라"

물론 필자도 빚 때문에 너무 어려움을 겪고 있을 때 바로 이 말씀을 묵상하다가 빚지는 것이 하나님의 뜻에 어긋나는 것으로 이해하고 투자 목적으로 사둔 집이 팔리면 모든 빚을 갚고 다시는 빚지지 않고 살기로 하나님께 다짐을 했었다.

그런데 미국에서 빚에 관하여 연구할 때에 차입이 성경에 허용되어 있다는 것을 발견했다. 레위기를 보면 하나님의 백성이 차입하고 대출하는 것이 허용되고 있었다. 심지어 동족이 아닌 외국인에 빌려줄 경우에는 이자도 받을 수 있었다.

마태복음 5장 25절과 26절에는 "너를 송사하는 자와 함께 길에 있을 때에 급히 사화하라 그 송사하는 자가 너를 재판관에게 내어 주고 재판관이 관예에게 내어 주어 옥에 가둘까 염려하라"라고 말하고 있다.

주님께서는 채무를 갚지 못할 경우에는 급히 채권자와 화해하도록 권하고 있다. 그렇지 않고 때를 놓치게 되면 감옥에 가서 한 푼이라도 다 갚을 때까지 거기서 결코 나올 수 없다고 가르치고 있다.

로마서 13장 8절을 바르게 이해하기 위해서는 그 앞 구절들을 읽을 필요가 있다. 바울은 지금 로마서 13장 6절과 7절에서 세금 납부에 대해 가르치고 있었다. 바울은 이 가르침을 기록할 때 주님의 마태복음 22:17~21의 말씀에 기초해 세금은 반드시 납부해야 한다고 가르치고 있었음이 확실하다. 요컨대 성경에서 차입을 장려하는 것은 아니지만 차입 자체를 금하고 있는 것은 아니다.

차입은 비정상적인 신호

차입이 성경에 허용되어 있더라도 차입을 정상적인 신호로 볼 수는 없다. 하나님의 백성이 차입하게 되는 것은 바로 하나님의 말씀을 부지런히 지키지 않을 때 초래되는 현상 가운데 하나라고 신명기에 기록하고 있다.

"네가 네 하나님 여호와의 말씀을 삼가 듣고 내가 오늘날 네게 명하는 그 모든 명령을 지켜 행하면 네 하나님 여호와께서 너를 세계 모든 민족 위에 뛰어나게 하실 것이라 네가 네 하나님 여호와의 말씀을 순종하면 이 모든 복이 네게 임하며 네게 미치리니" (신명기 28:1~2)

하나님께서는 그의 백성이 하나님의 말씀을 듣고 행하게 되면 선진국이 되게 할 것이며 신명기 3절부터 14절까지 나열한 모든 복이 임하도록 할 것이라고 약속하시고 있다. 여러 가지 복 가운데 하나는 채권국이 되게 하실 것이라는 약속이다.

"여호와께서 너를 위하여 하늘의 아름다운 보고를 열으사 네 땅에 때를 따라 비를 내리시고 네 손으로 하는 모든 일에 복을 주시리니 네가 많은 민족에게 꾸어 줄찌라도 너는 꾸지 아니할 것이요" (신명기 28:12)

그러나 하나님의 백성이라 할지라도 그분의 말씀에 불순종하게 되면 신명기 28장 16절부터 나열되는 모든 저주를 당할 것이다. 특히 여러 저주현상 가운데 하나는 채무국이 된다는 신호이다.

"네가 만일 네 하나님 여호와의 말씀을 순종하지 아니하여 내가 오늘날 네게 명하는 그 모든 명령과 규례를 지켜 행하지 아니하면 이 모든 저주가 네게 임하고 네게 미칠 것이니" (신명기 28:15)

"그는 네게 꾸일지라도 너는 그에게 뀌지 못하리니 그는 머리가 되고 너는 꼬리가 될 것이라" (신명기 28:44)

하나님의 말씀에 순종해서 살면 국가적으로 채권국이 될 것이나 반대로 불순종해서 살게 되면 채무국이 되어 부자 나라의 지배를 받으며 살게 된다. IMF 경제 위기와 같은 사태는 언제든지 다시 올 수 있다는 것을 이 말씀은 보여준다. 개인적으로도 그 원리는 동일한 것이다.

채무의 최장 기한

돈을 많이 가진 자는 돈을 빌려주고 투자하게 된다. 금융기관의 대출 세일은 이들의 마케팅 활동에 지나지 않는다. 요즈음은 은행이나 보험회사가 대출 세일에 얼마나 극성인지 알 수 없다. 하루가 멀다 하고 마치 선심을 쓰는 것처럼 대출 판촉을 벌이고 있다. 특히 최근에는 주택담보대출의 경우에는 대출 기한을 30년까지 허용하고 있다. 그런데 이스라엘 백성은 구약시대에 차입을 할 경우에 허용되는 최장 기한이 7년이라는 사실에 주목할 필요가 있다.

"매 칠 년 끝에 면제하라 면제의 규례는 이러하니라 무릇 그 이웃에게 꾸어 준 채주는 그것을 면제하고 그 이웃에게나 그 형제에게 독촉하지 말지니 이 해는 여호와의 면제년이라 칭함이니라" (신명기 15:1~2)

따라서 하나님의 백성은 차입을 할 때 될수록 그 기한을 짧게 하는 것이 좋다. 돈을 빌리면 높은 이자를 지불해야 하는데 대출 기한이 길게 되면 차입자에게 유리한 것이 아니라 오히려 대출자에게 유리하게 된다.

어리석은 보증 행위

요즈음 금융기관들이 개인에게 돈을 빌려줄 때 보증인을 세우도록 하고 있다. 보증을 서는 사람은 만일 차입자가 차입금을 갚지 못할 경우에는 보증인이 대신 갚겠다고 서약하는 셈이다. 이러한 보증을 연대보증이라고 한다. 잠언은 다른 사람의 빚을 위해 보증을 서는 것은 어리석은 행위라고 말한다.

"내 아들아 네가 만일 이웃을 위하여 담보하며 타인을 위하여 보증하였으면 네 입의 말로 네가 얽혔으며 네 입의 말로 인하여 잡히게 되었느니라

내 아들아 네가 네 이웃의 손에 빠졌은즉 이같이 하라 너는 곧 가서 겸손히 네 이웃에게 간구하여 스스로 구원하되 네 눈으로 잠들게 하지 말며 눈꺼풀로 감기게 하지 말고 노루가 사냥군의 손에서 벗어나는 것 같이 새가 그물 치는 자의 손에서 벗어나는 것같이 스스로 구원하라" (잠언 6:1~5)

우리 사회에서 빚보증을 섰다가 가정에 파탄을 일으킨 사건은 아주 많다. 가까운 친척들의 간청을 물리치지 못해 온 가족에게 고통과 눈물을 가져다 주는 예는 무수히 많다. 한 일간지에 실린 빚보증의 슬픈 사연을 한 번 읽어보고 빚보증의 무서움을 뼈저리게 느껴 보았으면 좋겠다.[6)]

"돈이야 갚으면 되잖아요. 우리는 가족인데… 세상에 가족보다 더 소중한 게 뭐가 있다고…" 새벽 1시 서울 상계동 상계 백병원 중환자실에는 이미 세상을 뜬 아버지가 강제로 주사한 농약 때문에 사경을 헤매는 남동생을 붙잡고 최모양은 하염없이 눈물을 흘리고 있었다. 같은 시각 영안실에서는 최씨의 어머니 이모씨가 넋 나간 얼굴로 남편의 영정을 바라보고 있었다.

이들 모녀에게 끔찍한 불행이 닥친 것은 이틀 전이다. 식당에서 일하던 이씨에게 오후 6시쯤 "내가 없어도 당신이 애들을 잘 보살펴야 한다"는 남편의 전화가 걸려 왔다. 불길한 예감이 든 이씨는 독서실에서 공부하고 있던 막내 아들을 부랴부랴 집으로 보냈다. 그러나 막내 아들이 집에 들어섰을 때는 이미 일이 벌어진 뒤였다. 최씨와 큰 아들

은 의식을 잃고 쓰러져 있었고 옆에는 농약 병이 뒹굴고 있었다.

최씨는 5년 전 처남의 빚보증을 섰다가 2억여 원의 빚을 떠안게 됐다. 설상가상으로 얼마 전에 경기도 고양 시에서 술에 취한 채 보험에 들지 않은 지게차를 운전하다 시내버스를 들이받아 1천만 원이 넘는 합의금을 물어주어야 할 형편이었다.

20여 년 동안 당뇨병을 앓고 있던 최씨는 최근 간에도 무리가 왔다. 빚 독촉에 술이 끊일 날이 없었던 것이다. 이젠 살 길이 없다고 생각한 그는 뇌성마비로 사지를 전혀 움직이지 못하는 큰아들을 생각했다. 웃음을 잃지 않고 생활하는 아들이지만 남아 있을 가족들에게 영원히 부담을 준다는 사실이 가슴을 쓰리게 했다.

최씨는 "내가 죽으면 큰아들 때문에 가족들이 고생하니까 함께 죽는다"는 유서를 썼다. 그리고 아들에게 농약을 콜라라고 속여 권했다. 아들이 농약을 뱉어 내자 주사기를 이용해 배에 찔러 넣었다. 그리고 남은 농약은 자신이 마셨다.

새벽 빈소를 찾은 최씨의 친척들은 "죽을 용기가 있었으면 살아 무슨 일을 못하겠느냐"라고 최씨를 탓하면서도 "오죽했으면 그 험한 길에 사지 못쓰는 아들을 앞세우려 했을까"라는 말로 이들 부자 앞에 펼쳐졌던 막막한 삶을 가여워했다.

채무 상환 의무

오늘날 상황윤리가 널리 수용되고 있는 현실이다. 그래서 특히 제품이나 서비스에 결함이 있을 때나 자신의 재정적 상황이 통제 불가능할 때는 빚을 갚지 않아도 된다고 합리화하기 쉽다.

그러나 남의 돈을 빌리고 만기에 갚지 않게 되면 악인인 것이다. 시편 37편 21절을 깊이 되새기자.

"악인은 꾸고 갚지 아니하나 의인은 은혜를 베풀고 주는도다"

이 말씀은 악인과 의인의 경제적 삶을 잘 대조시키고 있다. 악인은 필요할 때 돈을 빌리고 기한이 되었을 때 갚을 돈이 있는데도 불구하고 갚으려하지 않는다는 것이다. 그러나 의인은 오히려 빈궁한 사람이 있으면 도와주며 산다. 하나님의 사람은 서약한 것이 해로울지라도 반드시 지켜야 한다. 만일 빚을 갚지 않으면 빚 독촉을 받게 되고 심지어는 생명의 위협을 받기도 한다.

빚에 대한 성경의 가르침

1. 열왕기 하 4:1~7를 읽고 내용을 묵상한 후에 본문 속에 나오는 여인이 빚 문제로 인해 겪은 고충을 이야기해 봅시다. 또 이 여인이 빚 문제를 어떻게 해결했는지를 알아 봅시다.
   우리가 이 이야기를 통해 빚에 관해 배울 교훈은 무엇이라고 생각합니까?

2. 저자는 이 장에서 빚에 대한 성경적 가르침을 여섯 가지로 정리하고 있습니다. 각 원리의 의미를 서로 이야기해 봅시다.

3. 보증에 대한 성경의 가르침은 무엇입니까?
   (잠언 6:1~5; 잠언 11:15; 잠언 17:18; 잠언 20:16; 잠언 22:26~27; 잠언 27:23 참조)
   보증을 잘못 서서 경제적 어려움을 겪고 있는 가정이 있다면 예를 들어 봅시다.
   우리는 그러한 경제적 어려움을 피하려면 어떻게 해야 한다고 생각합니까?

4. 이 장에는 빚보증을 잘못 섰다가 온 가족이 어려움을 겪고 있는 슬픈 사례를 소개하고 있습니다. 이 사례를 읽고 자신이 느낀 점을 말해 봅시다.
   당신이 알고 있는 다른 빚보증 사례를 말해 봅시다.

5. 우리 사회에서 실시하고 있는 '소비자 파산제도'와 성경에 나오는 빚의 탕감 원리를 비교해 설명해 봅시다.

"내가 진정으로 너희에게 말한다 너희가 마지막 한 푼까지 다 갚기 전에는 거기에서 나오지 못할 것이다"

마태복음 5:26

채무자의 감옥으로부터 탈출하는 방법

극심한 경제난 속에서 중소기업을 경영하는 아들 내외가 빚 독촉으로 고생하자 80대 노인이 채권자들에게 눈물의 편지를 남기고 스스로 목숨을 끊었다. 이 노인은 아들 내외가 서울에서 인형공장을 운영했는데 빚보증에 의한 채무로 채권자들에게 시달리는데다 경영난마저 겹쳐 고생하는 모습에 안타까워했다. 채권자들에게 남긴 이 노인의 편지에는 다음과 같이 적혀 있었다.[7)]

"여러분께 죄송합니다. 아들 내외가 빚을 갚지 못해 여러분이 받는 고통은 이루 말할 수 없지만 저는 부모의 마음으로 더 이상 살 수가 없어 자식을 위해 이 길을 택합니다. 부디 아들 내외를 살려주십시오."

미국의 어느 은퇴 목사님은 82세가 되기까지 연 소득이 천만 원을 넘긴 적이 한 번도 없었다. 그럼에도 불구하고 그는 백만장자가 되었다. 가정 재무 상담가인 블루씨가 그 목사님을 만났을 때 목사님의 자산가치는 20억 원이 훨씬 넘었다.[8)]

그런데 이 목사님은 1930년대에 차를 사기 위해 생명보험회사로부터 300달러를 빌린 것을 제외하고는 한번도 돈을 빌리지 않고 살았다. 그리고 이 빚도 일 년 안에 갚아버렸다. 블루씨가 "왜 돈을 빌리지 않고 살았습니까?" 하고 물었다.

목사님의 대답은 아주 간단했다.

"나는 빚을 갚을 능력이 전혀 없다고 생각했기 때문이지요. 빚을 갚을 수 있을 만큼 월급이 오를 것 같지도 않았고, 그래서 한 번도 돈을 빌리지 않았어요."

그런데도 그 목사님은 소득의 15% 이상을 하나님의 일을 위해 바쳤다. 그리고 세 아들을 대학에 보냈다. 그 목사님이 1960년대에 은퇴했을 때 만 달러 정도의 퇴직연금을 받았다. 지혜로운 상담을 받아 그 돈을 잘 투자했는데 투자가치가 상당히 증가하게 되었다. 만일 이 목사님이나 아내가 만 달러를 다른 데 소비해 버렸다면 백만장자는 결코 될 수가 없었을 것이다.

이 사례는 소득 수준이 높지 않은 경우에도 될수록 빚지지 않고 하나님의 인도를 따라 지혜롭게 살면 누구나 부자가 될 수 있는 가능성을 보여준다. 우리도 이 목사님과 같이 갚을 자신이 없으면 아예 빚을 지지 말아야 한다. 그러나 이미 빚을 진 사람이라면 먼저 빚진 이유를 알아보아야 한다.

왜 빚지는가?

빚으로 인한 어려움은 언제나 다른 것으로 나타나는 하나의 현상에 지나지 않는다. 따라서 빚 문제를 해결하려면 우선 당신이 어떻게, 그리고 왜 빚지게 되었는가를 이해하는 것이 필수적이다. 빚 문제에는 네 가지의 공통적인 원인이 있다. 그 원인들은 다소 중복적인 면이 있지만 빚지는 이유는 다음의 네 가지로 정리할 수 있다.

1. 훈련 부족

2. 만족의 결핍

3. 잘못된 안정의 추구

4. 그릇된 삶의 의미 추구

훈련 부족

대부분의 가계 빚은 합리적인 소비생활이 훈련되지 않아 발생한다. 예컨대 한 달에 120만 원을 받는 가계가 월 10만 원을 초과해서 130만 원을 지출하게 된다면, 처음에는 대단한 빚이 아닌 것처럼 생각하기 쉽다. 그러나 이러한 생활이 10년 또는 20년 지속되면 헤어나기 힘들 정도가 되어버린다.

그래서 일찍부터 가계부를 작성해 수입 범위 내에서 소비하는 훈련을 쌓을 필요가 있다. 한 달에 10만 원 내지 20만 원이 부족한 경우에는 예산을 세워 지출하는 훈련을 하게 되면 빚지는 것을 조기에 해결할 수 있을 것이다.

어떤 사람들은 다른 사람들에 비해 그들의 개성 때문에 보다 자연적으로 훈련이 되기도 한다. 또 어떤 이는 점진적으로 배움을 통해 훈련을 받기도 한다. 절제는 성령의 열매이기도 하다. 그러나 앞에서 설명한 예산을 날마다 또는 정기적으로 세우는 것을 배움으로써 훈련받을 수 있다.

만족의 결핍

훈련 부족은 만족의 결핍에 의해 일어날 수 있다. 만족의 결핍 문제는 이렇게 표현될 수 있을 것이다. '내가 다른 곳에서 살고 있다면, 다른 것을 소유하고 있다면, 또는 다른 일을 하고 있다면 나는 만족할 수 있을 것인데…' 그러나 만족은 실제로 선택의 사항이다. 히브리서 13장 5절은 다음과 같이 말하고 있다.

"돈을 사랑치 말고 있는 바를 족한 줄로 알라 그가 친히 말씀하시기를 내가 과연 너희를 버리지 아니하고 과연 너희를 떠나지 아니하리라 하셨느니라"

불만에는 여러 가지 이유가 있을 수 있다. 광고를 읽고 그대로 믿는 것이 불만의 원인이 될 수 있다. 또 백화점을 단순히 돌아보는 것도 불만의 원인이 될 수도 있다. 고급 옷이나 장식품을 보다가 구매 욕구를 억제할 수 없는 수준에 이르게 되면 불만족이 증가하게 된다. 과거 수십 년 동안 가계 빚의 수준과 텔레비전 앞이나 쇼핑몰에서 보낸 시간이 다 같이 급격히 증가한 것은 결코 우연이 아니다.

우리가 현재의 소유나 상황을 만족하지 못한다는 것은 하나님에 대한 믿음이 부족해 온다고 볼 수 있다. 우리가 행복하게 살려면 항상 만족할 줄 아는 것을 배워야 한다. 사도 바울은 이렇게 고백하고 있다.

"내가 궁핍하므로 말하는 것이 아니라 어떠한 형편에든지 내가 자족하기를 배웠노니 내가 비천에 처할 줄도 알고 풍부에 처할 줄도 알아 모든 일에 배부르며 배고픔과 풍부와 궁핍에도 일체의 비결을 배웠노라 내게 능력 주시는 자 안에서 내가 모든 것을 할 수 있느니라" (빌 4:11~13)

이 구절들은 행복한 삶을 사는 데 매우 중요한 말씀이다. 사도 바울도 만족하기를 배웠다고 말한다. 예수 그리스도 안에서 배울 수 있었다고 고백한다. 그렇다면 우리도 주님 안에서 만족하는 비결을 배울 수 있을 것이다. 환경이 어떠하든지 하나님이 우리를 버리지 않고 돌보고 계신다는 것을 믿는 것이 만족한 삶의 핵심이다.

잘못된 안정의 추구

사람들이 빚지게 되는 또 하나의 이유는 하나님의 말씀에서 안정을 얻고자 하지 않고 잘못된 것에서 안정을 추구하기 때문이다. 히브리서 13장 5절의 후반절에 보면, "내가 과연 너희를 버리지 아니하고 과연 너희를 떠나지 아니하리라"라고 하나님이 선포하고 있다. 이것은 하나님의 말씀이기 때문에 이 말씀으로 우리가 안정을 얻지 못한다면 우리는 다른 어떤 것으로도 안정을 얻을 수 없다. 문제는 우리 그리스도인들조차도 지나치게 현세적인 관점을 가지고 있을 뿐만 아니라 안정을 소유와 동등시하는 경향을 가지고 있다는 데 있다. 즉 하나님과의 영원한 관계에서 안정을 찾기보다는 우리가 살고 있는 주택이나 입고 있는 옷으로부터 안정을 찾으려 한다는 데 있다. 또 어떤 사람들은 자기가 일하고 있는 직장이나 타고 다니는 차의 브랜드에서 안정을 찾으려 하기도 한다.

주변에 보면 어떤 사람들은 부모로부터 제법 많은 유산을 받아 그 유산으로 사치스런 옷을 사고 집을 호화스럽게 장식을 하는 데 다 써 버린다. 이 사람들은 주택이 안정을 제공한다고 믿고 그렇게 하는지 모른다. 가구를 구입하고 집을 꾸미는 데 돈을 다 써버렸으니 이런 사람은 자연스럽게 남의 돈을 빌려서 자기의 라이프 스타일을 유지하려고 한다.

남자들은 가끔 일확천금을 실현할 수 있는 사업을 계획함으로써 안정을 추구하는 경향이 있다. 그래서 많은 그리스도인들조차도 자신을 안정적으로 만들어 준다고 생각하는 재정적 독립을 속히 이룩하기 위해 자신의 표준과 양심을 타협하면서 사는 것을 주변에서 보게 된다. 그러나 그들이 다른 사람을 착취하여 일 년에 수억 원을 벌어들인다 하더라도 그것이 그들에게 궁극적 안정을 가져다 주지는 못할 것이다. 잠언은 이런 사람은 오히려 자기의 피를 흘릴 뿐이며 자기의 생명을 해하게 되며 두려움이 광풍같이 임하게 된다고 경고하고 있다.

"너희의 두려움이 광풍같이 임하겠고 너희의 재앙이 폭풍같이 이르겠고 너희에 근심과 슬픔이 임하리니" (잠언 1:29)

그러나 우리가 예수 그리스도 안에서 안정감을 얻는다는 현실을 이해하게 되면 현세적인 어떤 것도 우리의 진정한 욕구를 충족시켜줄 수 없다는 것을 깨닫게 된다. 왜냐하면 우리가 예수 그리스도 안에서 영생을 얻게 되고 그의 은혜로 부활의 소망을 가지게 되기 때문이다.

그릇된 삶의 의미 추구

사람들이 어리석은 재무 결정을 하게 되는 이유 가운데 또 하나는 그릇된 삶의 의미를 추구하는 욕구에서 비롯된다. 이것은 여자들에게서보다 남자들에게서 자주 발견되는 문제다. 사람들은 보통 삶의 진정한 의미를 하나님이 정의하는 데서 찾기보다는 직위나 소유, 또는 권력이나 성공에서 찾으려는 경향이 있다.

많은 경우, 특히 남자들은 투자나 사업 또는 소유와 성적 정복을 통해서 삶의 중요성을 성취하려고 애쓴다. 또한 남자들은 많은 돈을 차입함으로써 이러한 욕구를 충족하고자 한다. 그런데 남성들이 많은 돈을 차입하게 되면 아내들의 안정을 위협하게 된다. 그래서 '남자와 어린아이의 유일한 차이는 그들이 가지고 노는 장난감의 가격에 있다'라는 말이 맞는다는 생각이 든다.

IMF 경제 위기 상황이 오자 기업과 금융기관이 구조 조정을 하는 과정에서 수많은 사람들이 명예퇴직을 하게 되었다. 처음에 명예퇴직을 했던 사람들은 퇴직금과 함께 위로금을 추가로 받게 되었다. 그런데 이들 가운데 상당수는 시간은 많은데 마땅히 할 일이 없어 삶의 의미를 상실하게 되었다. 그러다 이들은 주위 사람들의 권유로 주식에 손을 대기 시작했다. 이 중에 일부는 자기가 가지고 있는 돈 이외에 추가로 돈을 빌려 신용거래도 하게 되었다. 그러다가 종목을 잘못 선정하여 많은 돈을 날렸다. 삶의 의미를 찾기 위해 주식투자를 시작했지만, 이로 인해 삶의 의미를 상실하여 삶을 포기한 사례도 많이 듣게 된다.

안정을 추구하고 삶의 의미를 추구하는 것은 합당한 욕구이다. 그러나 우리가 예수 그리스도와 바른 관계를 맺고 있다면 안정과 의미에 대한 욕구는 그리스도 안에서 이미 충족되었다는 사실을 깨닫는 것이 중요하다.

우리는 마태복음 6장 25절에서 33절까지 주님께서 하시는 말씀에 귀를 기울여야 한다. 그리스도께서는 우리가 늘 먼저 하나님의 나라를 구하면서 살게 되면 우리가 필요한 모든 것을 제공하시겠다고 약속하고 있다.

그런데 만일 우리가 우리의 방법대로 우리의 필요를 해결하려고 애쓴다면 하나님께서 우리를 위해 일하시겠다고 약속하신 것을 믿지 않게 되는 셈이다.

성경은 우리에게 빚 문제를 피할 수 있는 방법에 대해 가르쳐줄 뿐만 아니라 우리의 빚 문제에 대한 근본적인 원인을 지적해 주고 있다. 즉 훈련 부족, 만족 결핍, 잘못된 안정의 추구, 그리고 그릇된 삶의 의미추구는 시대에 관계없이 빚을 지게 되는 보편적인 이유가 되고 있다. 독자 가운데 이미 빚지고 있는 사람이 있다면 이 네 가지 이유 가운데 어디에 해당하는지 각자가 점검해 보아야 할 것이다.

복리의 원리

우리가 그리스도 안에서 부자가 되기 위해서는 먼저 복리의 원리를 철저히 이해할 필요가 있다. 필자는 대학에서 강의하는 투자론 시간에 학생들이 이 원리를 잘 깨달을 수 있도록 하기 위해서 한 학생에게 담배 값으로 월 5만 원을 소비하는 대신에 매월 동일한 금액을 저축하게 되면 40년 후에 저축액이 얼마나 되는가를 알아보도록 한 적이 있다.

연 이자율을 12%(월 1%)로 가정했을 때 40년 후에 찾게 되는 저축액이 약 5억 9,000만 원이나 되었다. 한 학생은 매월 5만 원씩 차입해서 담배를 피워 돈을 날려버리고 다른 학생은 담배를 끊고 대신에 5만 원씩을 저축을 한다면, 40년 후에는 이 두 사람의 부의 차이가 약 12억 원이 된다. 이 예는 이자에 대해서 또 다시 이자가 붙는 복리가 기간이 짧을 때는 원금에만 이자를 계산하는 단리와 별로 차이가 나지 않지만 시간이 길어지면 길어질수록 그 차이가 더욱 커진다는 사실을 우리에게 알려준다.

미래의 부를 결정짓는 요인은 세 가지다. 첫째는 최초의 저축액, 또는 정기적 저축규모이다. 최초 저축액, 또는 정기적 저축규모가 크면 클수록 미래의 부는 증가한다. 두 번째는 이자율 또는 수익률이다. 이자율도 높으면 높을수록 미래의 부가 커진다. 그러나 이자율 또는 수익률이 터무니없이 높으면 그만큼 그 금융상품의 위험이 크다는 뜻이니 단순히 이자만 높다고 좋아할 필요가 없다. 미래의 부를 결정하는 마지막 요인은 기간이다. 비록 매 기간 저축액이 적고 이자율이 낮더라도 저축 기간이 길면 일정 기간 후의 미래의 부는 급속도로 늘어난다. 결국 우리가 부자가 되기 위해서는 이 세 가지 조건을 잘 이해할 줄 알아야 한다. 이것을 '수학적 부자 공식'이라고 해도 좋다.

따라서 부자가 되기 위해서는 빚진 자가 아니라 대출자로 살아야 하기 때문에 빚지지 않고 살겠다는 결단을 내리는 것이 무엇보다 중요하다. 우리가 은행에 예금을 할 때 저금리 시대에는 5% 내외의 이자를 받게 된다. 그러나 우리가 은행으로부터 돈을 빌릴 때는 이보다 훨씬 더 높은 이자를 물어야 한다. 이자를 제 때에 납입하지 않을 때 물게 되는 연체이자는 이보다 더 높다는 사실을 주목할 필요가 있다. 예컨대 신용카드 대금을 기한 내에 갚지 못할 때 적용되는 연체 이자율은 연 20% 내외가 된다.

채무자의 감옥으로부터 탈출하는 구체적인 방법

한국 경제는 온통 빚으로 운용되고 있는 느낌이다. 정부와 기업은 말할 것도 없고 가계도 여기에 합세하고 있다. 보통의 한국 시민은 외국 자본으로 건설된 지하철을 타고 출근한다. 매년 정부는 많은 이자를 달러로 지불하고 있다. 또 어떤 도로는 차입금으로 건설되었는데 많은 사람들은 할부회사로부터 돈을 빌려 구입한 차를 타고 출근하기도 한다. 그리고 휘발유는 신용카드를 이용해서 사고 사용한 금액에 대해서는 높은 이자를 문다. 집을 구입할 때도 마찬가지이다. 주택구입액의 대부분을 장기의 주택담보대출로 조달한다. 많은 가계가 수십 년 동안 이자를 물고와 채무를 상환하기 위해 허덕이고 있다.

우리가 행복한 부자가 되기를 원한다면 먼저 빚의 감옥에서 탈출해야 한다. 각자가 처한 재무 상황이 다를 수는 있지만 빚의 감옥에서 탈출하는 원리와 단계에 대한 지침은 동일하게 적용될 수 있다. 먼저 빚없이 되는 날(Debtless Day)을 D Day를 설정하고 다음 부분에서 제시하는 7단계의 지침이 D Day를 향한 여행에 유익할 것이다.[9)]

구하라 찾으라 두드리라

빚의 덫에서 벗어나기 위해서는 열왕기 하 4:1~7에 나오는 과부의 이야기를 꼭 기억할 필요가 있다. 이 과부는 채권자에게 두 아이를 빼앗길 위기에 처하게 되었다. 그러자 이 여인은 엘리사 선지자를 찾아가 도움을 구한다. 이때 선지자는 이 여인에게 이웃으로부터 빈 그릇을 많이 빌리도록 한 뒤 문을 잠근 채로 가지고 있는 기름병을 빈 그릇에 붓도록 지시한다. 그러자 이 여인은 하나님의 기적으로 풍성한 기름을 공급받게 되었고 그 기름을 팔아 모든 빚을 갚고 빚없이 살게 되었다.

빚진 과부를 도우신 하나님은 하나님의 뜻을 따라 빚을 갚고 빚없이 살기 원하는 당신에게도 관심을 가지고 있다. 빚의 감옥에서 벗어나기 위한 첫 단계는 기도하는 것이다. 지금까지 하나님의 뜻을 제대로 깨닫지 못해 마음대로 산 것을 회개하고 하나님의 도움을 구하는 것이다. 구하고 찾고 두드리는 주의 백성에게는 반드시 좋은 것으로 갚아 주신다고 주님은 약속하셨다.

"너희가 악한 자라도 좋은 것으로 자식에게 줄줄 알거든 하물며 하늘에 계신 너희 아버지께서 구하는 자에게 좋은 것으로 주시지 않겠느냐" (마태복음 7:11)

자산목록표 작성

두 번째 단계는 당신이 소유하고 있는 모든 자산을 빠짐없이 나열하는 것이다. 소위 말하는 자산목록표를 작성하는 것이다. 열왕기 하에 나오는 여인이 선지자를 찾아가 자기의 문제를 고했을 때 선지자는 이렇게 물었다. "내가 너를 위하여 어떻게 하랴 네 집에 무엇이 있는지 내게 고하라" 우리가 하나님께 나아가 기도하게 되면 동일하게 주님은 우리에게 무엇이 있는지를 말하도록 요청하실 것이다.

종이 한 장을 펴놓고 자신이 가지고 있는 것을 모두 기록하면서 나열해보자. 집, 차, 주식, 그리고 가구 등 다 나열했다면 그 중에 팔 만한 것이 있는지를 결정하기 위해 각 자산을 평가할 필요가 있다.

필자가 빚 문제로 인해 고통을 당하고 있을 때 기도 시간에 제일 먼저 생각난 것은 아파트 외에 투자 목적으로 사두었던 점포가 딸린 집이었다. 빨리 부자가 되고 싶어서 주택 가격의 대부분을 빌려서 사둔 집이었다. 그래서 그 집을 파는 것이 빚의 덫에서 제일 빨리 벗어나는 길인 것을 깨닫고 집이 팔리도록 기도했다. 그러자 부동산 매기가 없을 때인데도 일주일 안에 집이 팔렸다.

여러분이 소유하고 있는 자산 가운데서 가족의 일상생활에 꼭 필요하지 않은 자산이 있을 수 있을 것이다. 예컨대 가족 수에 비하여 너무 규모가 큰 집을 사서 빚을 지게 되었다면 그 집을 팔고 좀 작은 집으로 옮길 수도 있을 것이다.

실제로 필자가 알고 있는 한 분은 세 식구인데 은행으로부터 융자를 받아 50평 정도의 아파트를 사서 이사하였다. 그런데 매월 이자 부담이 너무 많아 그 아파트를 팔고 작은 규모의 집으로 이사를 가기 원했지만 집이 잘 팔리지 않아 꽤 오랫동안 경제적인 어려움을 겪으며 살고 있었다. 그러다가 얼마 전에 어느 정도 매기가 살아났을 때 결국 큰 아파트를 팔고 작은 규모의 아파트로 이사하게 되었다. 마침내 구조조정을 적절히 한 셈이다.

또 차를 두 대 소유하고 있는 사람이라면 한 대를 팔 수 있을 것이다. 차와 관련하여 지급되는 비용이 생각하고 있는 것보다 크다는 사실을 인식할 필요가 있다. 자동차 보험료와 세금, 그리고 유지비까지 합하면 드는 돈이 만만치 않다. 더군다나 차를 할부금으로 샀을 경우에는 더욱 그렇다. 필자를 비롯한 대부분의 사람들이 차를 살 때도 차의 대금을 저축해서 현금으로 사는 경우는 매우 드물다.

이 밖에도 팔 수 있는 무수익 자산이 있다면 그 자산을 매각하여 빚의 일부 또는 전부를 갚을 수 있을 것이다.

부채목록표 작성

세 번째 단계는 빚의 목록을 작성하는 것이다. 어떤 사람들은 자신이 얼마나 빚지고 있는지 정확히 알지 못하고 있다. 특히 빚의 규모가 클 때에 그렇다. 그러나 우리가 채무자의 감옥에서 탈출하려면 자신의 재무 상태를 정확히 파악하기 위해 갚아야 할 모든 종류의 빚을 일일이 나열할 필요가 있다.

부채목록표에는 먼저 갚아야 할 빚의 종류를 먼저 적어야 한다. 그리고 빚의 종류별로 갚아야 할 채무총액과 월 상환액을 기록해야 한다. 그리고 마지막으로 모든 빚에 대해 이자율을 적어야 한다.

부채목록표를 작성한 후에 빚의 종류별로 이자율을 분석하다 보면 빚을 변제할 우선 순위를 알 수 있게 된다. 말할 필요도 없이 이자율이 가장 높은 빚부터 갚아야 할 것이다.

부채 상환 계획 수립

빚의 감옥으로부터 탈출하는 것은 생각만큼 쉬운 일은 아니다. 또 오래 걸릴 수 있다. 그러나 이것은 행복한 부자가 되기 위해 반드시 거쳐야 할 만큼 가치가 있는 일이다. 그래서 여기서 제시하는 7단계를 반드시 거쳐야 한다. 물론 하나님의 은혜로 이 여러 과정이 한순간에 일어날 수도 있다.

어떤 사람도 우연히 빚의 감옥을 탈출한 사람은 없다. 빚진 자는 D Day에 이르기 위해서는 부채 상환 계획을 수립해야 한다. 이것은 네 번째 단계이다.

채무 상환 계획은 채권자별로 작성할 수 있다. 월별 상환규모를 먼저 적고 상환 후의 채무 잔액을 기록하여 언제 상환이 끝나는지 알 수 있도록 작성해야 한다. 이렇게 작성하게 되면 일종의 성취감을 맛볼 수 있다. 또한 채무 잔액이 감소하는 것을 보면 채무 상환 계획에 따라서 지속적으로 상환할 수 있게 될 것이다.

빚의 종류가 둘 이상일 때는 상환의 우선 순위를 결정할 필요가 있다. 이 결정은 두 가지 요인을 기초로 이루어진다. 즉 부채 규모와 이자율의 크기이다.

먼저 부채 규모가 적은 것을 갚을 필요가 있다. 부채 규모가 가장 적은 것에 집중해서 갚다 보면 이 빚을 다 갚게 되었을 때 자신의 상환 의지에 격려를 받게 된다. 다음에는 두 번째로 적은 규모의 빚에 대해 집중적으로 상환하는 것이다. 이렇게 계속하다 보면 부채 종류가 감소되는 것에 격려를 받게 되어 빚의 상환으로 인한 성취감과 기쁨을 맛볼 수 있을 것이다.

그리고 부채를 상환할 때 우선 순위를 결정하는 또 다른 요소는 지급하는 이자율의 크기이다. 이 원칙에 의하면 이자율이 가장 높은 빚부터 상환하면 된다. 그리고 이 빚을 갚고 나면 그 다음 높은 이자를 지급하는 빚을 갚으면 된다.

물론 이 두 요인이 상충될 수 있을 것이다. 그때는 각자가 중요하다고 느끼는 원칙을 적용하면 될 것이다.

추가 소득을 위해 일하기

빚의 감옥에서 탈출하기 위한 다섯 번째 단계는 추가의 소득을 위하여 더 일하는 것이다. 많은 사람들은 비록 그들이 지혜로운 소비를 하는데도 불구하고 그들의 모든 필요를 충족시킬 정도의 소득을 벌지 못하는 직장에서 일하고 있다. 이런 경우에는 추가의 소득을 얻기 위해 일할 필요가 있다.

이때는 두 가지를 유의해야 한다.

첫째, 추가의 소득으로는 빚을 갚는데 사용하겠다고 미리 결심할 필요가 있다. 사람들은 소득이 많든 적든 버는 것보다 많이 쓰려는 경향이 있다. 소비가 항상 소득을 앞지르는 경향이 있는 것 같다.

둘째, 추가의 소득을 벌 때 하나님과의 관계나 가족과의 관계를 해치지 말아야 한다. 만일 결혼한 사람이라면 가족과의 관계를 벌어지게 하는 일보다는 가족의 유대를 강화하는 일을 찾는 지혜가 필요하다.

그러나 무슨 일을 하든지 중요한 것은 추가의 소득이 아무리 많다 하더라도 그것을 빚의 상환에 쓰고 소비의 수준을 높이는 데 쓰지 않는다는 원칙을 지키는 것이다.

추가 차입의 금지

빚의 감옥에서 벗어나는 데 여섯 번째로 중요한 것은 추가로 차입을 하지 않는 것이다. 추가의 빚을 지지 않는 유일한 길은 모든 물건을 구입할 때 현금으로 사는 것이다. 그렇다면 독자들은 "현금 대신에 신용카드를 사용하면 어떤가?"라고 반문할지 모른다. 물론 그렇게 할 수 있다. 신용카드를 사용하는 것 자체가 문제가 되는 것은 아니다. 다만 신용카드 사용이 주는 위험이 클 뿐이다. 통계에 의하면 사람들이 신용카드를 사용할 때에는 현금으로 지불할 때보다 약 3분의 1을 더 소비하게 된다. 그들은 돈을 지급하는 것이 아니라 플라스틱 카드를 사용하기 때문이다.

어떤 사람들은 대금을 지불할 때 지갑 속에 수많은 신용카드가 있는 것을 자랑이라도 하듯이 할 때가 있다. 그런데 신용카드는 하나만 있으면 족하다. 이미 빚이 과도하게 많은 사람이 만일 신용카드 결제 자금을 기한 내에 지급하지 못하는 일이 일어난다면 성형수술을 할 필요가 있다. 즉 좋은 가위로 카드를 잘라 불에 태워 버리는 것이다.

미국의 4백대 부자 중 제2위인 버크셔 해더웨이 그룹 워런 버펫 회장은 한 고등학교에서 연사로 초청을 받아 다음과 같이 연설한 적이 있다.

"부자가 되고 싶으면 제일 먼저 해야 할 일이 있다. 그것은 신용카드를 버리는 것이다"

워런 버펫은 열한 살 때부터 주식투자를 시작해 '투자의 현인'으로 불렸다. 그는 최근 미국이 갈수록 빈부격차가 심해 심각한 사회문제가 되는 것을 보고 '부자가 되는 네 가지 비결'을 밝혀 관심을 모았다. 그 비결을 살펴보는 것이 도움이 될 것이다.

첫째, 금리가 높은 카드를 상습적으로 이용하면 부를 축적할 수 없다.
둘째, 직장생활이나 결혼생활을 '빚'보다는 '적은 저축'으로 시작하라.
셋째, 보수가 적더라도 적성에 맞는 직업을 선택하라.
넷째, 아이디어에는 세금이 부과되지 않는다. 창의력을 발휘하면 돈이 보인다.

돈이 없을 때 카드에 현혹되는 사람은 평생 빈곤에서 벗어날 수 없다. 절제와 내핍은 풍요한 삶을 위해 필요한 아픔이다.

소비를 할 때에도 추가의 차입을 하지 않는 것이 중요하지만 투자를 할 때도 마찬가지이다. 필자는 빚에 대해 남다른 체험을 하고 강의도 하지만 막상 일이 잘 될 때에는 남의 돈을 이용하면 더 많은 수익을 올릴 수 있겠다는 유혹을 받았던 적도 있었다. 1999년이 바로 그런 유혹이 컸었던 해였다. 그 해에 주식시장이 호황을 누리자 투자 금액을 늘리고자 하는 욕심이 싹트기 시작했다. 만일 그때 추가로 돈을 빌려 주식투자 금액을 늘렸다면 2000년도의 하락기에는 엄청난 투자 손실을 입었을 것이다.

Never Give Up!

빚의 감옥에서 벗어나는 데 마지막으로 명심해야 되는 것은 우리의 목표인 D Day에 이르기까지 결코 포기하지 않는 것이다.

빚의 감옥에서 탈출하는 일은 쉬운 일이 아니다. 사람들은 중요한 일을 하다가도 장애물을 만나게 되면 중도에 그만 두고자 하는 마음이 생기기 마련이다. 월급을 받는 날에는 먼저 필요한 대로 쓰고 싶은 유혹이 있기 마련이다.

빚으로 인하여 받는 고통은 엄청나다. 감옥에서 구속을 받는 생활이 좋은가? 아니면 감옥을 탈출해서 자유를 맛보면서 사는 것이 좋은가?

빚이 있는 한 빚에 대해 높은 이자를 채권자에게 지급해야 한다. 이렇게 되면 채권자를 부자로 만들 뿐이지 빚진 나는 가난하게 될 뿐이다. 우리가 자유를 누리고 부자가 되기를 원한다면 힘이 들더라도 빚없이 사는 삶을 마음에 그리면서 빚의 감옥으로부터 힘써 탈출해야 한다. 승리의 그날, D Day까지!

생각해 봅시다

채무자의 감옥으로부터 탈출하는 방법

1. 이 장에서 소개하고 있는 목사님이 백만장자가 된 이유가 어디에 있는지 자신의 의견을 말해 봅시다.

2. 이 장에는 빚지는 이유로 네 가지를 들고 있습니다.
   당신이 빚진 상태라면 어느 이유에 해당하는지 말해 봅시다.
   또 진정한 만족은 어디서 얻을 수 있는지 이야기해 봅시다.

3. 미래의 부를 결정하는 요인에는 세 가지가 있다고 하는데 그것은 무엇입니까? 이 가운데 어느 요인이 가장 중요하다고 생각하는지 자신의 의견을 말해 봅시다.

4. 미국에서는 최근까지 빚을 갚지 않게 되면 가게 되는 감옥은 일반 범죄자가 가는 감옥과 구분이 되어 있었습니다. 이것을 '채무자의 감옥'이라고 합니다. 빚을 갚지 않았을 경우에 감옥에 가게 된다면 어떤 느낌이 드는지 말해 봅시다.
   탈출하기까지의 노력과 탈출 이후에 누리는 혜택을 비교해 봅시다.
   (마태복음 5장 25~26절과 마태복음 18장 21~35절을 참고)

5. 빚의 감옥에서 탈출하는 7단계에 대해서 이야기해 봅시다.
   이 7단계 중에 어느 단계가 가장 중요하다고 생각합니까?

2부

행복한 부자가 되기 위한 방법

"

다섯 달란트 받은 자는
바로 가서 그것으로 장사하여
또 다섯 달란트를 남기고
두 달란트 받은 자도 그같이 하여
또 두 달란트를 남겼으되
한 달란트 받은 자는 가서 땅을 파고
그 주인의 돈을 감추어 두었더니

마태복음 25:16~18

"

"무슨 일을 하든지 마음을 다하여 주께 하듯 하고 사람에게 하듯 하지 말라"

골로새 3:23

일하는 세 가지 이유

세 사람의 석공이 교회를 짓고 있었다. 무엇을 하고 있느냐는 물음에 첫 번째 석공이 대답하기를 "나는 벽돌을 만들기 위해서 돌을 쌓고 있다"라고 말했다. 두 번째 석공은 "나는 내 가족의 옷과 양식을 사기 위해 일하고 있소"라고 대답했다. 그러나 세 번째 석공은 "사람들이 와서 예배드리며 기뻐할 수 있도록 교회당을 짓고 있다"라고 말하였다.[10)]

이 이야기를 통해서 느끼는 것은 생활과 직업에 대한 서로 다른 태도이다. 우리 모두는 다음과 같은 몇 가지의 질문을 해 볼 필요가 있다. 나는 직장에서 무엇을 위해 일하고 있는가? 또 일을 통해 진정한 기쁨과 보람을 느끼고 있는가? 우리는 직장에 대해 하나님이 주신 소명의식을 가지고 있는가? 우리가 일하는 이유를 세 가지로 설명할 수 있다.

첫째, 돈을 벌기 위해서 일을 한다.

둘째, 의미 있는 삶을 살기 위해서 일을 한다.

마지막으로, 하나님께서 주신 사명으로 직장생활을 한다.

돈을 벌기 위해

많은 사람들은 직장생활을 할 때 생계의 수단으로 일한다고 생각한다. 이 생각이 잘못된 것은 아니다. 실제로 우리가 일하지 않고 돈을 벌 수 있는 방법은 없다. 오히려 가난하게 되고 부자가 되는 것은 우리 각자의 손놀림에 달려 있다. 손을 부지런히 놀리는 사람은 부자가 되고 손을 놀리지 않고 게으른 자는 가난하게 될 수밖에 없다. 이것을 '손놀림의 법칙' 이라고 하자. 미래의 부는 결국 이 손놀림의 법칙을 제대로 이해하고 실행을 하느냐 그렇지 않느냐에 의해서 결정된다. 이 원리에 대해 잠언은 다음과 같이 말하고 있다.

"손을 게으르게 놀리는 자는 가난하게 되고 손이 부지런한 자는 부하게 되느니라" (잠언 10:4)

백만장자들의 성공요인 가운데 하나는 다른 사람들보다 더 열심히 일하는 데 있다는 것으로 조사되었다.[11] 토머스 스탠리 교수가 백만장자들을 대상으로 그들이 경제적으로 성공한 요인의 순위를 묻는 질문에 백만장자들은 30 항목 가운데 '다른 사람들보다 더 열심히 일한다'를 다섯 번째 요인으로 답했다. 또한 경제적으로 성공한 요인이 '노력인가 운인가' 라는 질문에 응답자의 12%만이 운이라고 했다. 그리고 자신들이 성공한 요인이 '자기관리가 철저하다' 와 '다른 사람보다 더 열심히 일한다' 라고 답한 사람은 각각 57%와 47%이었다.

이것을 볼 때 부자가 되기 위해서는 운이 어느 정도 따라줘야 하지만 그것이 결정적인 요인은 아니라는 것을 알 수 있다. 그런데도 우리에게는 은근히 운을 기다리는 속성이 있다. 이것은 우리에게 게으른 속성이 있다는 말이다.

그런데 우리는 돈을 일하는 최고의 목표로 삼아서는 안 된다. 그렇게 되면 돈을 사랑하게 될 가능성이 매우 높기 때문이다. 그래서 성경은 우리가 부 자체를 인생의 목표로 삼는 것을 경고하고 있다. 먼저 잠언의 경고를 들어보자.

"부자 되기에 애쓰지 말고 네 사사로운 지혜를 버릴지어다 네가 어찌 허무한 것에 주목하겠느냐 정녕히 재물은 날개를 내어 하늘에 나는 독수리처럼 날아가리라" (잠언 23:4~5)

이 말씀은 돈을 벌되 그것만을 집착한 나머지 건강이나 삶의 보다 중요한 것을 잃어버릴 수 있음을 말해준다. 우리는 부를 추구하되 하나님께서 우리에게 주신 지혜를 살려 자기 절제를 할 수 있어야 한다.

이번에는 사도 바울의 경고를 들어보자.

"부하려 하는 자들은 시험과 올무와 여러 가지 어리석고 해로운 정욕에 떨어지나니 곧 사람으로 침륜과 멸망에 빠지게 하는 것이라 돈을 사랑함이 일만 악의 뿌리가 되나니 이것을 사모하는 자들이 미혹을 받아 믿음에서 떠나 많은 근심으로써 자기를 찔렀도다" (디모데 전서 6:9~10)

우리가 직장에서 일을 할 때 부를 궁극적인 목표로 삼을 때는 돈을 사랑하고 있는 것이 아닌지 스스로 물어볼 필요가 있다. 우리는 주님께서 우리에게 말씀하신 대로 하나님과 돈을 동시에 섬길 수 없다. 이것은 그리스도인은 그리스도를 주로 고백하고 믿고 살기 때문에 돈을 사랑해서는 안 된다는 것을 뜻한다. 돈을 사랑하게 되면 많은 어려움을 겪게 되고 믿음에서 떠나 불행한 삶을 살게 된다. 그리고 그 종착역은 멸망이 된다.

백만장자의 가장 큰 덕목

오늘날 신문을 읽거나 텔레비전 뉴스를 보노라면 많은 사업가들이나 직장인들이 부도덕한 방법으로 돈을 벌고자 애쓰고 있다는 사실에 놀라게 된다. 과연 부정직한 방법으로 백만장자가 될 수 있을까? 실제 백만장자들의 대답은 'No!'이다.

『백만장자 마인드』의 저자의 조사에 의하면 백만장자들이 성공한 요인 가운데 1위가 '모든 사람에게 정직하다'였다.[12)]

성경은 하나님께서 사람을 창조하실 때 정직하게 지었다고 말한다. 그런데 인간이 자기 꾀를 부려 거짓말을 하려고 한다는 것이다.

"나의 깨달은 것이 이것이라 곧 하나님이 사람을 정직하게 지으셨으나 사람은 많은 꾀를 낸 것이니라" (전도서 7:29)

잠언은 부정직한 방법으로 모은 돈은 곧 사라져 버리게 될 것이라고 우리에게 가르쳐 주고 있다. 그 대신 손으로 정직하게 벌면 재물이 늘어간다고 말한다.

"망령되이 얻은 재물은 줄어가고 손으로 모은 것은 늘어 가느니라" (잠언 13:11)

한 번 거짓말하게 되면 나중에 그 거짓말을 변명하기 위해서는 열다섯 번 거짓말을 하게 된다고 한다. 우리는 하나님의 지혜를 따라 모든 사람에게 정직하게 되면 거짓말하는 시간과 노력과 머리를 보다 생산적인 곳에 쓸 수 있게 될 것이다.

의미있는 삶을 위해

우리가 매일 다람쥐 쳇바퀴 돌듯이 직장생활을 하다가 보면 이런 자문을 할 때가 있다. "왜 내가 이렇게 살아야만 하지? 이런 수고가 도대체 무슨 의미가 있는가?" 이러한 생각을 가끔이라도 하는 사람은 전도서에서 그 해답을 찾을 수 있다. 전도서는 이렇게 시작한다.

"다윗의 아들 예루살렘 왕 전도자의 말씀이라 전도자가 가로되 헛되고 헛되며, 헛되고 헛되니 모든 것이 헛되도다" (전도서 1:1~2)

전도자는 이스라엘의 왕이 되어 하고 싶은 것은 무엇이든지 다 하였어도 인생은 공허하고 무의미한 삶뿐이라는 것을 뼈저리게 느낀다. 그래서 그는 "사람이 해 아래서 수고하는 모든 수고가 자기에게 무엇이 유익한고" 하고 탄식하기까지 한다. 또 "만물의 피곤함을 사람이 말로 다 할 수 없나니 눈은 보아도 족함이 없고 귀는 들어도 차지 아니하는도다" 하고 불만족한 삶을 한탄한다.

그렇다. 경제적 어려움이 있고 온갖 질병으로 사람들은 고통스런 삶을 살고 있다. 매스컴에서는 90년 만의 가뭄이 있다더니 금방 물난리로 많은 생명들이 목숨을 잃었다. 이런 뉴스를 접하다 보면 전도자의 고백이 바로 나의 고백이 되어버린다.

"이미 있던 것이 후에 다시 있겠고 이미 한 일을 후에 다시 할지라 해 아래는 새 것이 없나니 무엇을 가리켜 이르기를 보라 이것이 새 것이라 할 것이 있으랴 오래 전 세대에도 이미 있었느니라" (전도서 1:9~10)

이러한 전도자의 고민에 대한 해답을 우리는 그리스도 안에서 찾을 수 있다. 고린도 후서는 해 아래 새 것이 없다는 탄식에 대해 다음과 같이 답하고 있다.

"그런즉 누구든지 그리스도 안에 있으면 새로운 피조물이라 이전 것은 지나갔으니 보라 새 것이 되었도다" (고린도 후서 5:17)

전도자가 지식을 통해서 삶의 의미를 추구해 보았다. 그러나 그는 여기서도 실패했다. 그래서 그는 "지혜가 많으면 번뇌도 많으니 지식을 더하는 자는 근심을 더 하느니라"(전도서 1:18)라고 결론을 낸다.

삶의 행복은 예수 그리스도를 영접하여 모든 죄를 용서받지 않는 한 불가능하다. '바울의 행복론'에 귀를 기울여 보자.

"일한 것이 없이 하나님께 의로 여기심을 받는 사람의 행복에 대하여 다윗의 말한 바 그 불법을 사하심을 받고 그 죄를 가리우심을 받는 자는 복이 있고 주께서

그 죄를 인정치 아니하실 사람은 복이 있도다 함과 같으니라" (로마서 4:6~8)

사람의 행복은 소유의 많고 적음에 있지 않다. 인생의 참 만족은 오직 그리스도 안에 있음으로 인해 우리의 모든 죄를 용서받고 '의롭다' 하고 판결하시는 주님의 인정을 받는 데서 시작된다.

왜 하나님은 우리에게 일을 주셨는가? 그리스도 안에서 일은 우리에게 어떤 의미를 주는가? 어떤 사람들은 일은 사람이 하나님의 명령에 불순종한 결과로 주어진 것으로 이해하고 있다. 그러나 그것은 오해다. 일은 하나님의 창조 목적 중의 하나이다. 죄가 아직 세상에 들어오기 전부터 일은 존재했다.

하나님은 인간을 창조할 때 이미 사람들에게 복을 주시며 "생육하고 번성하여 땅에 충만하라 땅을 정복하라 바다의 고기와 공중의 새와 땅에 움직이는 모든 생물을 다스리라"라고 명령하셨다 (창세기 1:28). 또한 여호와 하나님이 그 사람을 이끌어 에덴동산에 두시고 그것을 다스리며 지키게 하셨다 (창세기 2:15).

따라서 사람이 피조물을 다스리는 일은 창조 때부터 하나님이 인간에게 주신 고유한 것임을 알 수 있다. 그래서 하나님의 뜻을 살핀 후에 전도자도 "사람이 자기 일에 즐거워하는 것보다 나은 것이 없나니 이는 그의 분복이라"(전도서 3:22)라고 고백한다.

예수 그리스도를 따르는 사람은 일의 목적이 섬김에 있다는 것을 기억해야 한다. 다른 사람의 필요를 파악하고 그 필요를 충족시켜 주는 것이 바로 봉사요, 일이다. 왜냐하면 주님께서는, "인자가 온 것은 섬김을 받으려 함이 아니라 도리어 섬기려 하고 자기 목숨을 많은 사람의 대속물로 주려함이니라"(마태복음 20:28)라고 말씀하시기 때문이다.

일과 휴식의 조화

우리는 일을 열심히 해야 한다. 그러나 일 중독은 피해야 한다. 주변에 보면 어떤 사람은 아들도 없고 형제도 없이 홀로 있으나 수고하기를 마지아니하며 부를 눈에 족하게 여기지 아니한다. 그는 "내가 누구를 위하여 수고하고 내 심령으로 낙을 누리지 못하게 하는고" 하고 탄식한다. 이런 사람은 일 중독자일 가능성이 높다.

그러나 하나님은 우리에게 일을 열심히 하되 1주일에 하루는 안식하도록 하셨다. 제4계명은 일을 하라는 명령인 동시에 우리에게는 휴식이 필요하다는 것을 알려주고 있다. 우리의 이웃을 살펴보면 직장에서 맡은 일이 너무 많아 삶의 우선 순위가 뒤죽박죽 되어 버린 경우를 발견할 수 있다.

우리가 일 때문에 하나님과의 교제가 방해를 받는다면 이것은 심각한 문제다. 매일 하나님의 말씀을 가까이 할 수 없다든지 기도할 틈을 발견하지 못한다면 일 중독이라고 진단할 수 있을 것이다. 또한 밤늦게까지 일을 하기 때문에 아내나 자녀와 대화의 시간을 내지 못하는 경우도 일 중독증에 걸렸다는 신호이다.

하나님이 열심히 일하도록 낮을 주신 동시에 또한 쉴 수 있는 밤을 주셨다. 6일을 열심히 일하도록 하셨을 뿐만 아니라 안식할 수 있는 주의 날을 주셨음을 기억하면서 살아야 한다.

하나님의 사명을 위하여

성경에서 일이 갖는 세 번째 의미는 일 또는 직업을 하나님의 사명으로 인식하는 것이다. 보통 그리스도인은 일은 일이고 신앙은 신앙이라고 생각한다. 즉 일과 신앙을 하나로 통합할 수 없는 별개의 것으로 본다.

그러나 가장 바람직한 직업관은 주어진 일 또는 직장을 하나님의 부르심과 관련시켜 인식하는 것이다. 하나님의 부르심은 그리스도인들에게 특별한 의미를 갖는다. 우리가 한 때 죄 가운데 있을 때에 하나님께서 우리 한 사람 한 사람을 죄의 자리로부터 불러내셔서 예수 그리스도를 믿음으로 말미암아 우리의 모든 죄를 용서해 주시면서 의인으로 인정해 주셨다. 그리고 이제는 매일 거룩한 삶을 살도록 하셨다.

예수를 믿음으로 거듭난 사람은 우리의 일을 통해서 하나님의 영광을 나타내면서 살도록 해야 한다. 창조할 때 하나님께서 모든 피조물을 관리하는 청지기의 사명을 우리에게 주셨으나 아담의 범죄로 인해 그 사명을 망각하면서 살아왔었다. 그러나 이제 예수 그리스도 안에서 믿음으로 살게 하신 것은 우리에게 맡겨진 모든 자원을 정직하고 충성스럽게 관리하는 새로운 청지기의 사명을 인식하고 살도록 하기 위해서이다.

우리가 하고 있는 일이 무엇이든지 그 일을 통하여 우리의 이웃의 필요를 사랑의 동기로 채워주어야 한다. 제품을 만드는 일이든 서비스를 제공하는 일이든 주님께 하듯이 하는 것이 바로 소명의식에서 일하는 바른 태도이다. 그래서 바울은 이렇게 말하고 있다.

"무슨 일을 하든지 마음을 다하여 주께 하듯 하고 사람에게 하듯 하지 말라" (골로새 3:23)

또한 일터에서 상사나 부하 직원과도 좋은 관계를 유지하여야 한다. 그리고 동료 직원과도 경쟁자적인 관계로 인식하지 않고 협력자로서의 자세를 가지고 그들의 필요를 채워줄 뿐만 아니라 좋은 교제를 나누는 사이가 되도록 해야 한다. 그래서 기회가 있는 대로 은혜의 복음을 나눠줄 준비가 되어 있어야 한다.

미국 기독실업인회(The Christian Business Men's Committee)에서 일하는 로버트 테머시는 직장이 하나님을 섬기기 위한 일터라는 사실을 깨닫지 못하였기 때문에 신앙의 주도권을 발휘하지 못하였다고 고백한 적이 있다.[13]

피바디는 그의 저서 '세속적인 일도 전임사역이다'에서 신약성경에서는 목사와 같은 사람만이 전임사역자가 아니라 평신도들이 하는 일도 전임사역이라고 하여 거룩한 직업과 세속적인 직업을 구분하지 않고 있다. 따라서 우리 모두는 일터에서 그리스도의 복음을 맡은 청지기로 아직도 그리스도를 알지 못하여 어둠 가운데서 지내는 사람들에게 빛의 복음을 전할 수 있어야 한다.

하나님의 기쁨을 맛보라

1930년대 스코틀랜드의 올림픽 육상 대표선수 리델을 주인공으로 한 '불의 전차'라는 영화가 있다.[14] 영화 속에서 리델의 누이는 리델에게 선교사가 되지 않고 왜 육상 선수가 되었느냐고 묻는다. 매우 극적인 순간에 리델은 이렇게 대답했다.

"제니, 나는 달리는 동안에 하나님의 기쁨을 느낄 수 있어!"

이것은 하나님의 임재하심에 대한 감동적인 느낌이다. 리델은 하나님께서 자신을 육상 선수로 사용하기를 원하신다는 사실을 알고 있었다. 이와 마찬가지로 하나님께서는 우리의 일에서도 동일한 것을 원하신다. 즉 우리가 일을 할 때, 하나님의 기쁨을 느낄 수 있기를 바라신다.

생각해 봅시다

일하는 세 가지 이유

1. IMF 경제 위기 이후에 많은 직장인들이 직장에서 하는 일이 더욱 힘들어지고 있다고 생각하고 있는 것 같습니다. 당신은 어떻게 생각하고 있는지 자신의 의견을 말해 봅시다.
   직장 생활이 힘들다면 왜 그런지 이야기해 봅시다 (전도서 10:10 참고).

2. 저자가 말하는 '손놀림의 법칙' 이란 무엇입니까?
   "부지런한 사람은 부자가 될 수 있다"는 견해에 당신도 동의하십니까?

3. 성경은 "부정직하게 번 돈은 늘어나는 대신에 오히려 줄어든다"고 말하고 있습니다 (잠언 13:11 참조). 이러한 사실을 성경과 현실에서 찾아 예를 들어 봅시다.

4. 저자가 말하는 '바울의 행복론' 이란 무엇입니까?
   또 예수 그리스도는 행복에 대해 어떻게 말하고 있습니까?
   (산상수훈의 8복과 복음서 참조)

5. 당신은 자기 일을 하나님의 사명으로 알고 일하고 있습니까?
   어떻게 그렇게 생각하게 되었습니까?

6. 다음은 '빙점' 이란 소설을 쓴 일본의 유명한 주부 작가 미우라 아야꼬 여사의 이야기입니다.

   이 글을 읽고 나서 자신이 느낀 점을 말해 봅시다.

생각해 봅시다

아야꼬라는 이름이 널리 알려지기 전에 그녀는 가난한 가정의 주부였습니다. 그녀는 어려운 가계에 적은 보탬이라도 되어야겠다는 바램으로 조그마한 구멍가게를 하나 열었습니다. 그리고는 오는 모든 손님들에게 그리스도의 사랑을 실천한다는 마음으로 정성을 다해 그들을 대접한 결과 장사가 점점 번창하였고 마침내는 트럭으로 물건을 들여와야 할 정도가 되었습니다.

어느 날 직장에서 돌아온 남편이 눈코 뜰 새 없이 바쁜 아야꼬의 분주한 모습을 보고는 미안한 마음에서 농담 반 진담 반으로, 우리 가게가 이렇게 잘되면 우리 동네의 어려운 다른 구멍가게들이 잘 안 될까 걱정이란 말을 했습니다.

아야꼬는 이 말을 듣고는 크게 깨달았습니다. 그리고는 곧 자기 가게에서 취급하는 물품의 종류를 줄여 물건을 팔지 않았습니다. 손님들이 없는 물건을 찾을 때에는 "그 물건은 저 가게에 가면 살 수 있습니다"라고 알려 주었습니다. 그 때문에 손님들이 크게 줄어들어 아야꼬는 시간적인 여유를 갖게 되었습니다. 이 여유시간들을 이용하여 그녀는 틈틈이 글을 썼습니다. 이 글이 완성되어 '빙점'이란 소설로 발표되었습니다.

우리는 자칫 한꺼번에 모든 것을 끝장 낼 것처럼 여유 없는 삶을 살 때가 많습니다. 온 세상의 돈과 명예를 다 자치하려는 듯 분주한 삶을 살아가고 있습니다. 그러나 아닙니다. 여유가 있어야 합니다. 그래서 일주일에 한 번은 안식일로써 우리에게 쉼을 허락한 것 같습니다. 그 여유에서 또 다른 하나의 '빙점'이 완성될 수도 있을 것입니다.

"누구든지 자기 친족 특히 자기 가족을 돌아보지 아니하면 믿음을 배반한 자요 불신자보다 더 악한 자니라"

디모데 전서 5:8

지혜로운 소비

얼마 전에 한 경제학 교수가 교회에서 '나는 왜 돈이 항상 부족한가?'라는 제목으로 강의를 한 적이 있다. 그 교수의 어머니는 교수가 어렸을 때 그에게 하신 말씀이 아직도 기억이 나는데 그것은, "얘야, 우리가 돈이 조금만 더 있으면 행복할 텐데…"였다는 것이다. 그런데 재미있는 것은 그 어머니는 자기 자녀가 교수가 된 지금도 여전히 "우리가 돈이 조금만 더 있으면 좋을 텐데…" 하고 동일한 말씀을 하신다는 것이다.

돈이 항상 부족한 첫째 이유

왜 우리는 항상 가진 돈에 만족하지 못하고 부족함을 느끼는가?[15] 우리가 돈이 항상 부족한 이유를 두 가지 원리로 설명할 수 있다. 첫 번째 원리를 '기준의 조정 현상'으로 말할 수 있다. 이 원리에 의하면 인간은 과거의 경험에 기초해서 기대 수준을 설정하고 자기가 그 수준을 달성하게 되면 만족감을 느끼고 성공했다고 생각하나 만일 그 기대 수준에 이르지 못하면 불행하게 생각한다는 것이다.

미국의 대공황 시기에 재산을 잃은 사람들이 더욱 불행하게 느낀 것은 좋은 예가 된다. 이들은 재산이 많이 있다가 갑자기 그것을 잃게 되었을 때 그 좌절감이 너무 커서 많은 사람이 자살을 했다고 한다.

한국 경제가 1960년대 이후 계속 성장하고 발전해서 1인당 국민소득이 10,000불이 넘어 자동차를 집집마다 1대씩 소유하게 되었는데도 불구하고 우리의 기대 수준이 그 이상으로 증가되는 한 행복 지수가 높아지지 않는다. 물질적 진보는 더 높아진 복지 수준을 유지시키지 못하는 것이다. 왜냐하면 우리의 기대 수준이 경제 성장 속도보다 더 빠른 속도로 조정이 되기 때문이다. 도날드 켐벨이 "인간은 지상에서 결코 천국을 만들지 못한다"라고 말한 것이 수긍이 간다. 물질적 풍요나 여가 증대, 사회적 지위 향상이 처음 얼마 동안 기쁨을 주는 것은 사실이나 그것은 잠깐 동안만 지속되는 것이다.

이 원리는 지난 수십 년간 실질 소득이 증가했음에도 불구하고 과거 40년 전보다 행복감이 더 높아지지 않은 이유를 설명해 준다. 조사에 의하면 빈국이든 부국이든 국민들의 행복감에는 큰 차이가 없다고 한다. 오히려 우리가 후진국으로 알고 있는 방글라데시 국민이 느끼는 행복 지수가 미국이나 한국 국민이 느끼는 행복 지수보다 더 높다는 사실은 매우 흥미롭다. 그래서 플라톤은 "빈곤은 소유의 부족에 있는 것이 아니라 욕망의 증대에 있다"라고 말한다.

돈이 항상 부족한 둘째 이유

우리가 항상 돈이 부족한 둘째 이유는 '상대적 박탈감' 의 원리로 설명할 수 있다. 우리 자신의 성공과 실패, 만족과 불만은 다른 사람들이 경험하는 것에 대해서도 상대적이다. 우리는 나와 비슷한 재능, 교육,

직업, 배경을 가진 사람들보다 더 많은 것을 받으면 만족해 하지만, 반대로 동료 그룹의 평균보다 적게 받으면 분노를 느끼는 경향이 있다. 예컨대, 경찰관의 월급 인상은 경찰관의 사기는 높일 수 있으나, 비슷한 일을 하는 소방관의 사기는 떨어뜨리게 되는 것과 같다.

더 심각한 문제는 사람이 완전히 이성적이지 않다는 데 있다. 사람이 이성적이라면 한 그룹에 속한 사람들의 만족감과 불만족감은 서로 균형을 이룰 것이다. 즉 그 그룹의 절반은 만족하고 나머지 반은 불만족할 것이다. 이것은 자기를 실제보다 더 좋게 평가함으로써 일어나는 문제이다. 평균보다 더 받은 사람들은 행복해 하기보다는 자기가 받은 몫은 자신의 능력에 비추어 당연하다고 생각한다. 그리고 평균보다 덜 받은 사람들은 공정하게 대접받지 못했다고 생각하게 된다. 그래서 능력제 월급도 불만을 낳고, 같은 비율, 같은 금액으로 월급을 올려도 불만을 낳을 수밖에 없는 것이다.

또 사람들은 남과 비교할 때 자신보다 나은 사람과 비교하려는 속성이 있다. 그래서 일단 한 단계 올라서면 거기서 다시 자기 보다 더 위에 있는 사람과 비교하게 되지 자기보다 더 낮은 사람과는 비교하지 않는다는 것이다. 이처럼 사람들은 끊임없이 위를 보는 성향이 있기 때문에 결코 만족이 없다.

이와 같이 사람은 자기 조정의 원리와 상대적 박탈감의 원리로 돈이 항상 부족함을 느끼게 된다. 이것을 극복하는 방법은 사도 바울이 고백한 대로 먹을 것과 입을 것이 있으면 족한 줄 알고 자족하는 것을 배우고 훈련하는 길밖에 없다.

버는 것보다 덜 써야

행복한 부자가 되려면 빚진 상태를 벗어나야 한다. 그리고 소비에 있어서는 버는 것보다 덜 써야 한다. 너무나 당연한 원리이다. 그러나 이 원리대로 살기가 쉬운 것은 결코 아니다.

심리적으로 우리는 항상 돈이 부족함을 느끼는 것이 사실이다. 실제로 한 달 한 달 살다보면 수입이 늘 작게 느껴진다. 더군다나 물가는 오르는데 월급은 그렇지 못할 때 더욱 그렇게 느껴진다. 이럴 때 우리는 어떻게 해야 하는가?

우선 순위에 따라 돈을 써야 한다. 성경은 우리가 먼저 그의 나라와 그의 의를 구하도록 말씀하신다. 주님은 우리의 생각이 늘 천국 지향적으로 되도록 원하신다. 월급을 받으면 나를 위해 돈을 쓰기 이전에 소득을 벌게 해 주신 하나님을 먼저 생각해야 한다. 일자리를 주시고 건강하게 직장 생활을 하게 하신 하나님께 감사하며 소득의 일부를 하나님께 드려야 한다. 그러나 소득의 얼마를 하나님께 바쳐야 하는가에 대해서는 의견이 다를 수 있으나 필자는 그 기준이 십일조라고 생각한다.

어떤 이들은 십일조는 율법적이라고 생각하는 경향이 있으나 십일조는 모세가 시내 산에서 율법을 받기 이전에 아브라함이 최초로 얻은 것의 십일조를 제사장 멜기세덱에게 바쳤다.(창세기 14:20) 또 야곱도 십일조를 서원했다는 기록이 있다.(창세기 28:22) 따라서 십일조는 이스라엘 백성이 하나님으로부터 율법을 받기 이전부터 있었다. 그렇다면 은혜시대에 굳이 십일조를 고집할 필요가 있는가? 여기서 그리스도의 말씀을 살펴볼 필요가 있다.

"화 있을진저 외식하는 서기관들과 바리새인들이여 너희가 박하와 회향과 근채의 십일조를 드리되 율법의 더 중한 바 의와 인과 신은 버렸도다 그러나 이것도 행하고 저것도 버리지 말아야 할지니라" (마태복음 23:23)

예수님은 십일조에 대한 바리새인들의 외식적인 믿음에 대해 비난하시면서 율법의 더 중한 의와 인과 신을 행하도록 독려하셨다. 그리고 공의와 사랑과 믿음을 지키면서 십일조도 하나님께 드려야 한다고 말씀하셨다. 십일조는 우리의 소득과 소유가 모두 우리의 것이 아니라 하나님의 것이란 고백이 담겨 있다. 이런 의미에서 십일조는 바로 우리의 신앙고백인 것이다. 또 돈은 하나님의 일을 하는 데 필수적이다. 물론 돈으로만 하나님의 일을 하는 것은 아니지만 복음전도를 효과적으로 하고 가난한 자를 구제하는 데는 돈이 필요하다. 그리고 이것은 천국은행에 저축이 되어 영원한 투자가 된다.

가족의 필요를 채워야

십일조를 바치고 나서는 우리가 가족의 필요를 채워야 한다. 간혹 믿는 자들 가운데서도 가족을 잘 돌보지 않은 사람들이 있다. 그러나 예수 그리스도는 마가복음에서 이렇게 말씀하셨다.

"모세가 말하기를 '네 아버지와 네 어머니를 공경하여라' 하고, 또 '아버지나 어머니를 욕하는 자는 반드시 죽을 것이다' 하였다. 그러나 너희는 말한다. 누구든지 아버지나 어머니에게 말하기를 '내게서 받으실 것이 고르반(곧 하나님께 드리는 예물)이 되었습니다' 하고 말만 하면 그만이라고 말한다. 그러면서 아버지나 어머니에게 그 이상 아무것도 해 드리지 못하게 한다. 너희는 너희가 물려받은 전통을 가지고, 하나님의 말씀을 헛되게 하며, 또 이와 같은 일을 많이 한다" (마가복음 7:10~13:16)

바울도 가족을 돌보지 않은 자는 믿음을 배반한 자요 불신자보다 더 악하다고 말하고 있다.

"누구든지 자기 친족 특히 자기 가족을 돌아보지 아니하면 믿음을 배반한 자요 불신자보다 더 악한 자니라" (디모데 전서 5:8)

가족들을 돌아볼 때 그들의 바라는 것을 세 가지의 욕구로 구분해 소비하게 되면 지출 규모를 상당히 줄일 수 있다. 세 가지 욕구는 필요(needs), 욕심(wants), 그리고 정욕(desires)이다. 세 개념을 구분해 보자.

- 필요 : 먹는 것과 입는 것과 같이 우리 생활에 없어서는 안 되는 것
- 욕심 : 필요한 것 이상으로 더 가지고 싶은 것
- 정욕 : 자기를 과시하거나 다른 사람으로부터 인정받기 위해 소유하고자 하는 마음

필요와 욕심, 그리고 정욕에 관해 좀 더 자세히 설명해 보자. 먼저 필요는 우리 생활에 없어서는 안 되는 양식과 옷과 같은 것이다. 우리가 소비를 할 때 필요를 중심으로 해야 한다. 그것은 주님의 약속에 근거한 것이다.

"너희는 먼저 그의 나라와 그의 의를 구하라 그리하면 이 모든 것을 너희에게 더하시리라" (마태복음 6:33).

여기서 이 모든 것이란 무엇인가? 그리스도께서 약속하신 것은 먹을 것과 마실 것, 그리고 입을 것이 포함된다. 물론 하나님은 우리가 구하는 것 이상으로 주실 수 있는 분이다. 그러나 그럴 경우에는 나의 배를 채우고 사치스러운 옷을 사는 데 쓰도록 주시는 것은 아니다. 헐벗고 굶주리는 우리의 친척과 이웃을 위해 그 돈을 사용해야 하는 것이다.

욕심은 무엇인가? 욕심은 필요한 이상을 가지려는 마음이다. 세례 요한에게 세례를 받으러 나오는 무리가 이렇게 물었다. "그러하면 우리가 무엇을 하리이까?"

세례 요한은 이렇게 대답했다.

"옷 두 벌 있는 자는 옷 없는 자에게 나눠 줄 것이요, 먹을 것이 있는 자도 그렇게 할 것이니라" (누가복음 3:11)

예컨대, 우리는 계절에 맞게 입을 수 있는 양복을 최소한으로 갖추고 있으면 필요라고 볼 수 있다. 그러나 철마다 여러 벌씩 마련한다면 그것은 욕심이라고 볼 수 있다. 차를 예로 든다면 대중교통 수단을 이용해서 출근할 수 있다면 버스나 전철을 이용해서 교통의 필요를 충족시킬 수 있다. 그러나 고급 승용차를 구입해서 편하게 출퇴근한다면 그것은 욕심이라 할 수 있다. 그러나 이것은 절대적인 것은 아니다. 소득 수준에 따라 필요와 욕심이 달라질 수 있기 때문이다. 그러나 이 개념을 우리의 소비에 꾸준히 적용하다 보면 효율적인 소비에 진전이 있을 것이다.

이제 필요와 욕심의 구분이 가능할 것이다. 마지막으로 정욕에 대해 알아보자.

앞에서 정욕을 자기를 과시하거나 다른 사람으로부터 인정받기 위해 소유하고자 하는 마음이라고 했다. 이것에 대해 구체적으로 알기 위해서는 요한 일서 2장을 살펴보아야 한다.

사도 요한은 우리에게 "이 세상이나 세상에 있는 것들을 사랑치 말라"(요한 일서 2:15)라고 말하면서 누구든지 세상을 사랑하면 하나님 아버지의 사랑이 그 속에 있지 아니하다고 말한다. 이어서 그는 세상에 있는 것을 사랑하지 말아야 할 이유를 다음과 같이 말하고 있다.

"이는 세상에 있는 모든 것이 육신의 정욕과 안목의 정욕과 이생의 자랑이니 다 아버지께로 좇아 온 것이 아니요 세상으로 좇아 온 것이라" (요한 일 2:16)

그리스도인들은 필요를 중심으로 소비를 하여야 한다. 그리고 여기서 말하는 욕심을 위해 소비하는 것도 허용이 되나 정욕을 위해 소비하는 것은 죄라고 할 수 있다. 자기 쾌락을 위해 술을 마시는 것은 피하는 것이 좋다. 또 잠언은 술에 취하고 탐식하는 자는 가난하게 되는 길임을 분명히 보여주고 있다.

"술 취하고 탐식하는 자는 가난하여질 것이요 잠자기를 즐겨하는 자는 해어진 옷을 입을 것임이니라" (잠언 23:21)

보통 술을 좋아하고 술친구를 가까이 하게 되면 죄를 짓기가 쉽다. 더욱이 음녀로 인하여 건강도 잃어버리게 될 뿐만 아니라 애써 번 돈이 타인의 손에 쉽게 넘어가게 된다. 이리하여 행복한 부자를 향한 꿈은 하루아침에 무너지고 근심과 고통 가운데 인생을 마치게 된다. 잠언의 경고에 다시 귀를 기울여 보자.

"네 길을 그에게서 멀리하라 그 집 문에도 가까이 가지 말라 두렵건대 네 존영이 남에게 잃어버리게 되며 네 수한이 잔포자에게 빼앗기게 될까 하노라 두렵건대 타인이 네 재물로 충족하게 되며 네 수고한 것이 외인의 집에 있게 될까 하노라" (잠언 5:8~10)

경주 최 부자의 소비 생활

예수님께서는 낙타가 바늘귀에 들어가기 힘들듯이 부자는 천국에 들어가기 무척 힘이 든다고 말씀하셨다. 부자이면서 사회적으로 존경받기는 매우 힘이 드는 법이다. 그런데 경주 최 부자 집은 부자이면서도 존경을 받은 집안으로 전국적으로 알려져 있다. 조선 시대 최고의 부자 집이었던 최 부자 집은 12대 동안 계속해서 만석 군을 지낸 집안으로 유명하다.[17)]

이 집안이 약 300년 동안 부자로 남을 수 있었던 데는 이 집의 여자들도 한 몫을 했다. 최씨 가문의 며느리들은 시집온 후 3년간 무명옷을 입어야 한다는 원칙이 있었다고 한다. 조선 시대는 창고의 열쇠는 남자가 아니라 안방의 마님이 가지고 있던 시대였다. 그런 만큼 실제 집안 살림을 담당하는 여자들의 절약 정신이 중요했다. 보릿고개 때는 집안 식구들도 쌀밥을 먹지 못하게 했고, 은수저도 사용하지 못하게 했다. 백동 숟가락의 태극 무늬 부분에만 은을 박아 썼다. 7대 조모는 삼베 치마를 하도 오래 기워 입어 이곳 저곳을 기워야 했는데, 세 말의 물이 들어가는 '서말치 솥'에 이 치마 하나만 집어넣어도 솥이 꽉 찰 지경이었다고 전해진다. 너무 많이 기워서 물에 옷을 집어넣으면 옷이 불어나 솥단지가 꽉 찼다는 말이다. 이런 일화는 부자라고 함부로 과소비를 하기는커녕 오히려 절약을 하였다는 사실을 알려 주고 있다.

아내의 손도 부지런히 놀려야

살림을 사는 것은 대체로 아내의 몫이다. 그러니 아내가 지혜롭게 필요한 물건을 구매하게 되면 가계 지출을 상당히 줄이게 될 뿐만 아니라 행복한 부자가 되는 데 큰 기여를 하게 된다.

필자의 아내는 지혜로운 구매를 하는 데 탁월한 재능을 가지고 있는 것 같다. 어떤 물건을 살 때는 반드시 여러 가게에 전화를 하여 가격과 품질에 관한 정보를 비교하여 구매를 결정하곤 한다.

그래서 필자는 아내에게 가끔 '당신이 나의 소득을 두 배로 만들어 줘서 고마워요' 하고 인사를 한다. 이것은 겉치레 인사가 아니다. 실제로 아내는 나의 월급을 30%정도는 늘려주는 일을 하는 것이 사실이다.

필자는 기회가 있을 때마다 이런 강의를 할 때가 있다. 남편이 벌어온 수입을 아내가 알뜰하게 사용해서 소득을 두 배로 늘려 윤택하게 살자고 말이다.

한번은 명절에 인사를 하러 들린 제자 부부에게 지혜로운 가계 재무관리의 원리를 설명한 적이 있다. 제자의 아내도 결혼을 하기 전에는 직장 생활을 했었다. 그런데 고민을 하다가 자녀를 위해서 직장을 그만 두게 되자 자연히 씀씀이를 줄이지 않을 수 없게 되었다. 마침 자녀를 위해 피아노를 한 대 사주어야겠다는 생각을 했다. 그래서 필자는 그런 경우에도 일 년 정도 지난 피아노를 사게 되면 피아노의 성능은 거의 새 것과 다름이 없으면서 가격은 새 것의 반 정도로 살 수 있을 것이라고 이야기한 적이 있었다. 그런데 나중에 다시 우리 집에 들렀을 때 실제로 일 년 정도 지난 피아노를 새 피아노 가격의 반값으로 살 수 있어서 지출을 100만 원 이상 줄일 수 있었다고 말하며 기뻐하는 모습을 본 적이 있다.

어찌 피아노뿐이겠는가! 자동차를 구입할 때도 이런 원리를 적용한다면 상당한 비용을 줄일 수 있을 것이다. 자동차도 대체로 일 년 또는 이 년 정도 지나면 거의 30% 내지 50%의 값이 하락하는 경향이 있다.

행복한 부자의 가정이 되려면 남편과 아내가 함께 부지런해야 한다. 그리고 협력해야 한다. 이 예를 행복한 부자인 아브라함의 가정에서 찾아볼 수 있다.

아브라함의 가정에 손님들이 찾아왔을 때 아브라함과 가족들의 행동을 살펴보면 모든 구성원의 행동이 민첩했다는 것을 알 수 있다.(창세기 18:1~8)

먼저 아브라함은 손님들을 보자 곧 장막 문에서 달려나가 영접하며 몸을 땅에 굽히고, "내 주여 내가 주께 은혜를 입었사오면 원컨대 종을 떠나 지나가지 마옵시고 물을 조금 가져오게 하사 당신들의 발을 씻으시고 나무 아래서 쉬소서 내가 떡을 조금 가져오리니 당신들의 마음을 쾌활케 하신 후에 지나가소서 당신들이 종에게 오셨음이니이다" 하고 기쁨으로 신속하게 영접하였다.

그리고 아브라함은 급히 장막에 들어가 사라에게 이르러 이렇게 말한다. "속히 고운 가루 세 스아를 가져다가 반죽하여 떡을 만들라." 아브라함이 또 짐승 떼에 달려가서 기름지고 좋은 송아지를 취하여 하인에게 주었더니 그도 급히 요리하였다. 이 이야기 중에 나오는 주인공들은 아브라함을 비롯하여 아내 사라와 하인까지 모두 부지런히 손님을 맞았다.

백만장자들의 살림살이

여기서 우리는 백만장자들의 살림살이를 잠깐 엿보자. 흔히 백만장자가 돈을 많이 버는 것은 재산을 모으고 사업을 성공적으로 운영하고 많이 수익을 올리기 때문이라고 생각한다. 그러나 백만장자들이 부자가 되는 데는 그들의 살림살이도 한 몫을 하고 있다는 것이 밝혀졌다.[6]

백만장자들의 살림살이 행동특성은 다음과 같다.

- 새 가구를 사기보다 쓰던 가구를 수선한다.
- 장거리 전화회사를 바꾼다.
- 전화로 판매하는 물건을 사지 않는다.
- 신발은 창을 갈아서 신거나 수선해서 신는다.
- 쇼핑을 할 때는 할인쿠폰을 사용한다.
- 생활용품은 묶음으로 산다.

우리는 백만장자들의 살림살이의 행동특성을 통해 이들이 소비 생활에 있어서 절약할 수 있는 방법은 모두 동원한다는 사실에 주목할 필요가 있다. 부자는 결코 우연히 되는 법이 없다.

예수 그리스도의 자원 절약

우리가 소비를 줄이면서 살 때 가끔은 '내가 이렇게까지 절약하면서 궁색하게 살 필요가 있는가?'라고 속으로 생각할 때가 있다. 물론 백만장자들의 소비 생활을 통해서도 우리는 부자도 불필요하게 돈을 낭비하지 않는다는 것을 배웠다. 그런데 우리는 예수 그리스도로부터 자원을 낭비하지 말아야 한다는 교훈을 배울 수 있다. 그는 어린아이가 내놓은 보리떡 다섯 개와 물고기 두 마리를 가지고 기적을 베풀어 약 5,000명을 먹이신 후에 제자들에게 남은 것을 버리는 일이 없도록 하라고 말씀하셨다. 제자들이 남은 것을 거두었을 때 열두 바구니에 가득 찼었다.

"저희가 배부른 후에 예수께서 제자들에게 이르시되 남은 조각을 거두고 버리는 것이 없게 하라 하시므로 이에 거두니 보리떡 다섯 개로 먹고 남은 조각이 열두 바구니에 찼더라" (요한복음 6:12~13)

생각해 봅시다

지혜로운 소비

1. 저자는 우리가 돈이 항상 부족하다고 생각하는 이유를 두 가지로 말하고 있습니다. 이 두 가지가 무엇인지 말해 봅시다.
   또한 당신도 그렇게 생각하고 느끼는지 말해 봅시다.

2. "나의 하나님이 그리스도 예수 안에서 영광 가운데 그 풍성한 대로 너희 모든 쓸 것을 채우시리라"(빌립보 4:19)의 영어 성경은 다음과 같습니다.
   "And my God will meet all your needs according to his glorious riches in Christ Jesus"
   여기서 하나님이 약속하신 것은 필요, 욕심, 그리고 정욕 중에서 어느 것이라고 생각합니까?

3. 우리의 수입은 제한되어 있습니다.
   그리스도인들은 소비 지출의 우선 순위를 어떻게 결정해야 한다고 생각하십니까? 관련 구절과 원리를 말해 봅시다.

4. 자동차를 구입할 때 필요, 욕심, 그리고 정욕 개념을 적용해 봅시다.

5. 본문에 소개되는 '백만장자들의 살림살이'를 읽고 이들의 소비 생활에 대해 느낀 점을 말해 봅시다.

"지혜 있는 자의 집에는 귀한 보배와 기름이 있으나 미련한 자는 이것을 다 삼켜 버리느니라"

잠언 21:20

효과적인 저축 수단의 선택

필자가 두란노 서원에서 예비 부부를 위해 가계 재무관리에 대해 특강을 한 적이 있었다. 전반부 강의를 마치고 잠깐 휴식 시간을 가질 때 한 자매가 다가와서 이런 말을 하였다.

"저는 오늘 아주 기쁩니다. 지금까지는 제가 은행에 저축을 할 때마다 죄책감을 느꼈습니다. 그런데 오늘 교수님의 강의를 듣고 나서 저축하는 것이 성경 말씀에 어긋나지 않는다는 사실을 알았기 때문입니다."

이 자매는 하나님의 뜻대로 살고자 하는 순수한 열정이 있었다. 그런데 교회에서 돈 관리에 대해 체계적으로 가르쳐 주지 않고 있으니 저축에 대해 궁금해 하던 차에 저축을 정기적으로 해야 한다는 강의를 듣고 자신의 궁금증이 하나 풀려 기뻤던 모양이다.

우리 그리스도인은 두 종류의 통장을 가지고 살아가야 한다. 하나의 통장은 천국국민은행의 통장이다. 이것은 우리의 저축은 궁극적으로 영원한 하늘나라에 쌓도록 해야 한다는 것이다. 그러나 현실적으로는 가족의 미래의 삶을 설계하기 위해 이 땅의 은행 통장을 가지고 돈을 관리해야 한다.

요셉의 원리

우선 왜 규칙적으로 저축해야 하는지 성경에 기초해서 살펴보자. 우리가 가족의 필요를 채워야 한다는 것은 디모데 전서 5장 8절을 통하여 알게 되었다. 그런데 여기서 가족의 필요란 가족의 현재적 필요도 포함되지만 미래의 필요도 의미한다. 즉 자녀의 대학 교육이나 자신의 은퇴이후의 삶도 준비해야 한다.

경제 상황은 늘 변하기 마련이다. 아주 장사가 잘되는 호황기가 있는가 하면 IMF 경제 위기와 같은 불황기도 오게 된다. 농경 시대에는 경제적 불황은 주로 농사의 작황이 나쁠 때 찾아 왔다. 아브라함이나 이삭은 그 땅에 흉년이 들자 이주를 하여 경제적 어려움을 피하였다. 그런데 경제적 불황을 지혜롭게 해결한 사람이 창세기 마지막에 나타난다. 그는 바로 요셉이다.

한번은 애굽의 바로왕이 꿈을 꾸고 나서 해몽할 사람이 없어 애태우고 있을 때 요셉을 통하여 꿈의 해몽을 듣게 된다. 요셉의 꿈의 해석과 미래의 경제 불황에 대한 해결책을 들어보자. 하나님께서 이집트에 7년 풍년 후에 7년 흉년이 있게 하실 것이라는 것이 꿈의 해석이었다. 요셉은 꿈의 내용을 해석하면서 동시에 그 해결책을 제시한다.

"이제 바로께서는 명철하고 지혜 있는 사람을 택하여 애굽 땅을 치리하게 하시고 바로께서는 또 이같이 행하사 국중에 여러 관리를 두어 그 일곱 해 풍년에 애굽 땅의 오분의 일을 거두되 그 관리로 장차 올 풍년의 모든 곡물을 거두고, 그 곡물을 바로의 손에 돌려 양식을 위하여 각 성에 적치하게 하소서" (창세기 41:34~35)

결국 바로왕은 요셉을 총리로 세워 그대로 시행하게 하여 애굽 땅에 임할 일곱 해 흉년을 미리 대비하여 이 흉년으로 인하여 멸망치 않게 되었다.

우리가 여기서 배울 교훈은 간단하다. 소득이 많을 때 다 써버릴 것이 아니라 불경기를 대비하여 저축을 해야 한다는 것이다. 이 지혜를 요셉이 하나님으로부터 배웠기 때문에 '요셉의 원리' 라 불러보자.

그런데 경제적으로 어려운 때를 대비해서 저축하는 것이 지혜롭다는 것은 잠언에서도 배울 수 있다.

"게으른 자여 개미에게로 가서 그 하는 것을 보고 지혜를 얻으라 개미는 두령도 없고 간역자도 없고 주권자도 없으되 먹을 것을 여름 동안에 예비하며 추수 때에 양식을 모으느니라" (잠언 6:6~8)

잠언의 다른 곳에서도 저축하는 행위가 지혜롭다고 말한다.

"지혜 있는 자의 집에는 귀한 보배와 기름이 있으나 미련한 자는 이것을 다 삼켜 버리느니라" (잠언 21:20)

저축하기 전에 먼저 해야 될 일

어떤 사람들은 빚이 있어서 이에 대한 이자를 지급하면서 동시에 예금을 하기도 한다. 정기예금의 만기가 얼마 남지 않아서 해지에 따른 불이익이 있는 경우에는 정기예금을 담보로 필요한 돈을 짧은 기간 동안 빌리는 것은 경제적일 수 있다. 그렇지 않은 경우에는 예금을 하면서 차입을 하는 것은 경제적으로 유익이 없다. 그 이유는 예금이자는 차입이자에 비해 많이 낮기 때문이다. 또 예금이자에는 이자 소득세를 내야하기 때문에 세후 예금 이자율과 차입 이자율과의 차이는 생각하는 것 이상으로 크다. 따라서 빚이 있는 자는 예금을 하기 이전에 빚부터 갚아야 한다. 새는 물줄기를 먼저 막고 물을 모아야 물이 빨리 모인다는 사실을 기억해야 한다.

실용적 단계별 재테크 전략

우리 각자는 자신의 재무 상황에 따라 단계별로 돈을 관리하는 방법이 달라야 한다. 보통 실용적인 재테크 전략은 4단계로 구분해서 관리 방법을 제시하는 데 이것이 매우 유용하다고 생각된다.[19)]

1 단계 – 목돈을 마련하는 시기
2 단계 – 목돈 굴리는 시기
3 단계 – 내 집 마련 시기
4 단계 – 포트폴리오 구성에 의한 분산 투자 시기

재테크의 첫 단계는 일정액의 돈을 모으는 시기이다. 예컨대, 500만 원 또는 1,000만 원을 목표액으로 정해 놓고 단순히 그 목표액을 모으기만 하면 된다. 1단계가 가장 어려운 단계이다. 시간이 가장 오래 걸리기도 한다. 그러나 누구나 이 단계를 반드시 거쳐야 부자가 될 수 있다.

둘째 단계는 모아진 일정액을 효과적으로 운용하는 단계다. 일정한 목 돈이 생기면 재테크 수단에 대한 선택의 폭이 넓어지고 금리 변동에 대해서 민감해지게 된다. 자산 운용 규모가 커질수록 이자율의 변동뿐만 아니라 예금자 보호법과 채권시가 평가제와 같은 전반적인 투자 환경에 관심을 가져야 한다.

셋째 단계의 내 집 마련 시기는 가계 재무관리의 분수령이다. 이때는 기본적으로 주택 가격 순환 주기의 큰 흐름을 살펴봐야 한다. 그래서 내 집 마련의 적기가 언제인지를 판단해야 한다. 집값이 더 이상 떨어질 가능성이 희박하고 향후 상승 조짐이 보이는 시점이 적기가 될 것이다.

마지막 단계는 집을 마련한 후에 본격적으로 분산투자를 고려하는 시기이다. 이 단계는 여유 자금이 보유하고 있는 주택 가격 이내냐 아니면 그 이상이냐에 따라 투자 전략이 달라진다. 그러나 어느 쪽에 속하든 공통적인 것은 여러 종류의 자산에 분산 투자하여 투자 위험을 최소한으로 줄이는 데 초점을 맞춘다는 것이다.

우리는 누구에게나 조급한 마음이 있다. 바울은 사람들이 말세에 고통을 당하는 때가 되면 사람들이 조급해진다고 말하고 있다. 그러나 아무리 조급한 마음이 있더라도 재테크의 단계를 바로 2단계 또는 3단계의 방법으로 뛰어 넘을 수 없다. 단계별로 밟아나가야 한다.

효과적인 저축 수단의 선택

목돈을 모으려는 사람은 목표 금액과 방법을 생각해야 한다. 목표 금액은 개인의 사정에 따라 다를 것이다. 요셉은 그 해 소출의 20%를 저축하였다. 이것이 하나의 기준이 될 수 있다. 어떤 사람은 최소한 소득의 10%는 저축해야 한다고 제안하기도 한다. 목표 금액을 지나치게 높여 잡았다가 도중에 포기하는 것보다 일단 달성 가능한 목표 금액을 정하고 그 금액을 모으는 것이 중요하다.

목돈을 모으는 시기에 가장 유리한 금융상품은 비과세 상품과 세금 우대 상품이므로 여기에 가입하는 것이 좋다.[20] 이들 상품은 상대적으로 높은 금리를 지급 받으면서도 세금은 덜 내기 때문이다. 먼저 비과세 상품에는 어떤 것이 있는지 알아보자. 비과세 상품은 세금이 전혀 없는 금융기관의 대표적인 전략 상품으로 일반 과세 상품보다 금리가 쉽게 떨어지지 않는 경향이 있다. 또 일부 비과세 상품은 비과세 혜택과는 별도로 소득공제 혜택을 주기도 한다.

은행의 비과세 상품에는 연봉 일정 금액 이하의 직장인이 가입할 수 있는 근로자 우대저축이나 근로자 우대신탁, 만 18세 이상의 무주택자 또는 전용면적 일정수준 이하의 1주택 소유자가 가입할 수 있는 장기주택마련저축, 2000년말 이전에 가입했던 개인연금신탁 등이 있다.

이들 비과세 상품은 적금형 상품이기 때문에 거액의 목돈을 투자할 수는 없다. 따라서 각각의 비과세 상품의 최고한도까지 불입하고 최대한 장기간으로 투자하는 것이 요령이다. 근로자 우대저축은 매월 여유자금이 허락되는 범위 내에서 월 일정 한도까지 불입할 수 있다.

장기 주택 마련 저축의 월 불입액은 일정한 한도까지이다. 이 상품은 부양가족이 있는 세대주인 근로 소득자에게 일정 금액 한도 내에서 연간 불입액의 일정 수준까지 소득공제 혜택을 주고 있다.

비과세 금융 상품을 가입하고도 여유가 있으면 다양한 세금 우대 상품을 이용할 수 있다. 세금 우대 금융 상품은 가까운 금융기관이나 은행 인터넷 사이트를 이용하면 가장 유리한 상품을 선택할 수 있다.

단기 재무 목표를 먼저 고려해야

어느 투자 상담가와 이야기를 나누던 한 사람이 매우 낙담하고 있었다.[21] 그는 스물여섯 살의 젊은 나이에 자기 분야에서 전문가였다. 그런데도 그 청년은 늘 예산상의 압박을 받고 있었다. 그는 자기의 저축액이 매우 느리게 증가하는 것과 그의 낡은 자동차를 버리고 새 차를 사지 못하는 것에 대해 회의적이었다.

그의 생활비가 과도한 것은 아니었다. 오렌지족이 물질적 상태에 의해 강박관념에 사로잡혀 있을 때에도 이 청년은 재정적으로 매사에 보수적이었다. 그리고 그는 빚도 없었고 하나님이 자기에게 맡긴 자원에 대해 선한 청지기가 될 것을 작정했었다.

투자 상담가는 이 청년과의 대화를 통해서 그가 왜 예산상의 압박을 받고 있는지 이유를 알게 되었다. 그가 근무하는 회사에 퇴직 연금 제도가 있었는데 본인이 퇴직적립을 하는 만큼 회사도 동일한 금액을 적립해 주는 제도 때문이었다. 그래서 그는 자기가 적립하는 금액에 대해서는 세금 공제 혜택을 받을 수도 있고 회사의 적립 금액 보조에도 매력을 느껴서 그는 최대한의 금액을 적립하기로 계약했던 것이다.

그는 퇴직 적립을 매우 좋은 투자로 생각했었던 것이다. 단순히 숫자상으로 보면 그의 생각은 옳았다. 그러나 그의 문제는 재정의 우선순위를 오해한 데 있었다.

퇴직할 때까지 30년 이상을 기다려야 퇴직금을 받아서 활용할 수 있다는 사실을 가볍게 생각했던 것이다. 그때까지 생활비를 지출해야 할 뿐만 아니라 자동차도 사야 한다. 또한 주택 자금도 마련해야 한다. 그리고 자신의 결혼과 자녀에 대한 계획도 세워야 한다.

이 청년의 퇴직을 대비한 준비가 잘못되었는가? 그렇지는 않다. 다만 그는 장기 목표를 위한 투자를 하기 이전에 단기 재무 목표를 고려하지 못했을 따름이다. 이 청년의 투자 전략은 단순히 회사의 퇴직 보조금을 받고 세금을 줄이는 데 있었지 재정의 우선 순위를 지키는 데 있지는 않았다.

저축이냐 투자냐

어떤 사람들은 저축도 일종의 투자로 이해한다. 그러나 저축과 투자를 구분해서 사용하는 것이 일반적이다. 투자란 '확실한 현재의 소비를 희생하여 이에 대한 보상으로 불확실한 미래의 수익을 바라는 행위'라고 정의할 수 있다. 이에 반하여 저축은 은행에 적금을 하는 것과 같이 단순히 시간의 경과에 따른 대가만을 바라고 현재 소비의 희생을 의미하는 것으로 위험 보상과는 관계가 없다.

주식 투자는 성경적인가? 그리스도인 가운데 의외로 많은 사람들이 이런 질문을 하곤 한다. 특히 목회자들은 주식 투자에 대해 부정적인 시각을 가진 자가 많은 것 같다. 자본주의 사회의 가장 중요한 조직 가운데 하나가 기업 조직이다. 그리고 대부분의 기업은 주식회사 형태를 취하고 있다. 주식회사는 기업 운영과 투자에 필요한 자금을 다양한 방법으로 조달해야 하는데 가장 보편적으로 조달하는 방법 가운데 하나는 주식을 발행하는 것이다. 발행된 주식은 발행 시장을 통해서 판매된다.

그런데 주식은 회사채와는 달리 만기가 없다. 따라서 주식회사의 주식에 투자한 사람은 그 회사가 문을 닫기 이전에는 회사에 주식투자 자금의 상환을 청구할 권리가 없다. 대신 기업이 이익을 남겼을 때는 배당 청구권이 있고 회사가 문을 닫을 때는 잔여 재산 청구권을 가진다. 이처럼 주식 투자자가 투자 자금을 회수하고 싶어도 회수할 수 있는 방법이 없다면 자연히 주식 투자를 꺼릴 수밖에 없다. 그래서 자본주의 경제에서는 발행 주식을 투자자 상호간에 매매할 수 있도록 증권거래소와 같은 유통 시장을 통해서 주식 투자 자금을 회수할 수 있도록 하고 있다.

성경이 기록될 당시에는 주식회사가 없었기 때문에 주식 투자에 대한 언급이 없었을 것이다. 그런데 예수 그리스도께서는 달란트 비유나 므나의 비유를 통해서 투자에는 직접 투자 방법과 간접 투자 방법이 있다는 것을 암시하고 있다. 즉 바로 돈을 가지고 장사하는 것은 직접 투자라 할 수 있고 은행에 돈을 맡기는 것은 간접 투자라고 볼 수 있다. 그런데 주식 투자는 본인이 기업 경영에 직접 참여하는 것이 아니라 기업 경영자에게 투자 자금을 제공함으로써 기업 경영에 간접적으로 참여하는 것으로 볼 수 있다.

따라서 주식 투자 자체는 성경적인 아이디어로 볼 수 있다. 다만 일부 목회자나 그리스도인이 주식 투자에 부정적인 견해를 가지는 것은 주식투자로 인한 피해 사례를 너무 많이 보아왔기 때문이라는 생각이 든다. 주식 투자는 다른 투자 대상과는 달리 가격 변동이 매우 심하기 때문에 이에 대한 바른 지식이 없이 투자해서는 투자 수익을 내기 어렵다. 남이 주식 투자를 한다고 해서 나도 주식 투자를 하다가 보면 목돈을 모으는 일에 실패하기가 쉽다. 필자가 투자대상별로 과거 20년간의 수익률과 위험을 평가한 적이 있는데, 이 연구에 의하면 정기예금이 주식 투자보다 성과 면에서 뒤지지 않은 것으로 분석되었다.[22]

또 어떤 그리스도인들은 부동산 투자에 대해서도 부정적인 견해를 가지고 있다. 이러한 견해를 가진 사람들은 레위기 25장에 근거하는 것 같다.

"토지를 영영히 팔지 말 것은 토지는 다 내 것임이라 너희는 나그네요 우거하는 자로서 나와 함께 있느니라." (레위기 25:23).

그러나 이 구절은 하나님께서 이스라엘의 각 지파에게 배분하여 준 것을 영원히 팔지 말라는 뜻이다. 그만큼 토지는 우리의 생활에 없어서는 안 될 중요한 요소이기 때문이다. 이런 관점에서 땅이 없는 사람은 오히려 자기 가족들의 생활 공간을 확보할 필요가 있다. 또 어찌 땅만 하나님의 것이겠는가! 하나님이 창조하신 모든 것이 하나님의 소유요 우리는 그 모든 것을 하나님의 뜻에 맞게 단지 관리하는 청지기에 불과할 뿐이다. 학개 선지자는 이렇게 기록하고 있다.

"은도 내 것이요 금도 내 것이니라 만군의 여호와의 말이니라." (학개 2:8)

보험을 드는 것은 믿음이 없어서 그런 것이 아닌가? 스스로 그렇게 생각이 들 때도 있고 다른 사람들이 보험에 가입하는 나에게 그런 태도를 보일 때도 있다. 보험이란 단어가 문서상에 기록으로 나타난 것은 16세기인 것으로 알려져 있다. 그래서 성경에 보험에 대한 직접적인 언급은 없으나 잠언에는 재앙을 보고 피하는 것이 지혜로운 행위라고 말하고 있다.

"슬기로운 자는 재앙을 보면 숨어 피하여도 어리석은 자들은 나아가다가 해를 받느니라" (잠언 22:3; 27:12)

보험에 가입한다면 어떤 상품에 가입하는 것이 저축의 수단으로 양호한가? 최근 보험회사에서는 보험 상품을 판매하는 것만으로는 좋은 경영 성과를 내는 것이 어렵다는 것을 알고 저축성 보험 상품을 개발하여 판매하고 있다. 원래 보험은 위험 관리의 기법 중에 위험을 어떤 기관에 이전하는 위험 전가의 중요한 한 가지 방법이다. 그런데 저축성 보험 상품은 보험 기능과 저축 기능을 결합한 금융 상품이다. 저축성 보험 상품은 보험 기능을 제공하고 있기 때문에 순수 저축성 금융 상품에 비하여 금리가 낮은 것이 일반적이다. 따라서 저축성 보험 상품이 순수 보험 상품에 가입하고 따로 저축성 금융상품을 매입하는 것보다 유리한지를 꼼꼼히 따져봐야 할 것이다.

주식도 저축 수단이 될 수 있는가? 투자신탁에서 취급하고 있는 금융 상품 가운데 근로자 증권저축이라는 상품이 있다. 근로자 주식저축이란 근로자 주식 또는 주식형 상품에 투자했을 때 투자 금액 중 일정액을 세액 공제해 주는 제도 가입과 투자 방법으로서 증권저축과 증권투자신탁이 있다. 증권저축은 본인이 주식이나 채권을 직접 투자하는 상품이고 증권투자신탁은 돈만 매월 일정 금액을 납입하면 투신회사가 대신 종목을 선정하고 운용해 주는 금융 상품이다. 이러한 상품은 매월 일정 금액을 납입한다는 점에서 저축과 유사한 면이 있으나 위험 상품에 투자한다는 면에서는 순수한 저축으로 보기가 어렵다.

최근에 저금리 기조가 이어지자 저축 상품을 통해서는 수익이 낮아서 만족하지 못하고 위험 상품에 손대는 투자자가 많다. 그러나 모든 금융 상품은 예상 위험에 기초해서 기대 수익이 결정된다. 한 가지 꼭 기억해야 될 사실은 기대 수익률은 어디까지나 예상한 수익이지 실현된 수익이 아니라는 점이다. 조급한 마음으로 위험 금융 상품에 투자했다가 오히려 큰 손실을 보는 투자자가 의외로 많다. 초기의 재테크를 하는 단계에서는 위험이 높은 주식이나 복잡한 금융 상품에 투자하는 것보다는 안전한 정기적금과 같은 금융 상품을 이용하는 것이 바람직하다. 시간을 가지고 착실히 공부해서 돈을 모으는 것이 지혜로운 일이다. 잠언은 이렇게 말하고 있다.

"지식 없는 소원은 선치 못하고 발이 급한 사람은 그릇하느니라" (잠언 19:2).

생각해 봅시다

효과적인 저축 수단의 선택

1. 저축을 하는 것이 믿음의 분량과 관계가 있다고 생각한 적이 있습니까?
   왜 그렇게 생각하게 되었는지 이유를 말해 봅시다.
   저축에 대한 성경의 관점은 무엇입니까?
   (창세기 41:34과 잠언 21:20, 그리고 마태복음 6:19~20 참조)

2. 실용적인 재테크 전략은 4단계로 나누어 설명하고 있습니다. 네 단계는 무엇입니까?
   이에 의하면 당신은 현재 어느 단계에 속하며 재테크의 중점은 어디에 두어야 한다고 생각합니까?

3. 목돈을 모으는 방법에는 어떤 것들이 있습니까?
   각 방법은 특성을 알아보고 당신에게 가장 적합한 방법은 무엇인지 말해 봅시다.

4. 장기 재무 목표와 단기 재무 목표를 뒤바꾸어 어려움을 겪은 적이 있다면 자신의 경험을 말해 봅시다.

5. 보험 상품을 선택할 때 고려해야 할 요인에는 어떤 것이 있습니까?

"여호와께서 집을 세우지 아니하시면 세우는 자의 수고가 헛되며 여호와께서 성을 지키지 아니하시면 파수꾼 경성함이 허사로다"

시편 127:1

집 마련하기

우리나라 사람들은 유난히 주택에 대한 애착이 강한 것으로 알려져 있다. 주택을 단순히 먹고 자는 주거 공간만으로 생각하는 것이 아니라 가족의 정신적 일체감을 느낄 수 있는 터전으로 생각하는 것이다. 그런데 주택은 사실 정신적 터전일 뿐만 아니라 경제적인 터전이기도 하다. 특히 1970년대 중반과 1980년대 후반 두 차례에 걸쳐 엄청난 부동산 파동을 겪은 사람들은 이제 집 한 채 없이는 안정적인 경제적 기반을 갖기가 어렵다는 사실을 피부로 실감하고 있는 것이다.

그러나 최근 부동산 가격이 안정되고 땅값이 계속 떨어지면서 이제 주택은 투자 대상이 아니라 이용 대상이라는 시각도 많아지고 있다. 또한 미래의 안정과 자식에게 물려줄 재산을 위한 희생을 거부하고 현재의 생활을 안정적으로 추구하는 사람들도 늘어나고 있다. 더구나 1997년 말 한국 경제를 강타한 IMF 경제 위기로 인해 급속한 주택 가격 및 토지 가격이 하락하여 과연 앞으로도 부동산이 사람들의 가계 재무관리에 중요한 투자 대상이 될 수 있을 것인가 하는 데 많은 논란이 전개되고 있는 실정이다.

그런데 막상 2년마다 전세금을 올려주기 위해 씨름을 하거나, 아이들 때문에 이사를 한다든지 하는 고충을 겪다보면 역시 집 한 채는 있어야 한다는 생각이 절실하게 다가온다. 특히 전세금이 급격히 변동하는 경우에 집주인과 전세 보증금 환불을 둘러싼 예기치 못한 분쟁들이 생겨 더더욱 자기 집을 가져야 한다는 생각이 오히려 공고해질 수도 있다.

따라서 가족 구성원의 정신적, 경제적 안정을 위해서 집 한 채를 마련한다는 것은 어쩌면 우리나라 모든 국민의 일생일대 소망이라고 해도 과언이 아닐 것이다. 앞으로 장기 주택 자금을 대출해 주는 제도가 자리를 잡고 금리가 지금과 같이 안정이 되면 보다 많은 사람들이 주택 관련 대출을 받기도 쉬워질 것이기 때문에 주택 구매는 누구나 한번쯤 생각해 볼 만큼 커다란 투자가 아닐 수 없다. 물론 이제부터라도 부동산은 투기의 대상이라는 환상에서는 벗어나야 하지만 건전한 경제 생활을 위한 합리적 투자의 대상이라는 사실에는 변함이 없다. 그래서 아직도 많은 사람들은 재개발 아파트, 재건축 아파트, 미분양 아파트, 아파트 경매, 전원주택, 상가 분양 등 부동산과 관련된 신문 기사에 관심을 기울이는 것이다.

집은 가장 좋은 투자 대상

미국의 기독 재무 상담가인 레리 버켓은 집은 가장 좋은 투자 대상으로 간주하고 있다.[23] 그는 우수한 투자 대상으로 여섯 가지를 추천하고 있는데 그 가운데서도 집에 대한 투자가 보통 사람들에게는 투자 성과가 가장 높다고 말한다. 그는 "대다수의 미국인에게는 전반적으로 가장 우수한 투자 대상은 집이었다는 것을 의심의 여지가 없다"라고 단호하게 말하고 있다. 그는 또한 주거 주택은 인플레와 함께 움직였고 매년 약 4%의 가격 상승이 있었다고 한다. 이것은 한국에서도 거의 비슷한 것으로 생각된다.

주택은 투자 대상 이상의 가치를 가진다는 사실도 기억할 필요가 있다. 집은 가족들에게 최대의 문화공간의 역할을 하기 때문에 가족들의 필요를 충족시켜 줄 수 있는 집을 마련해야 한다. 보통 사람들에게는 주택은 자산목록 1호임이 틀림없다. 그만큼 구입 결정에 신중해야 한다. 이 일을 위해서는 가족들이 기도를 많이 할 필요가 있다. 남들이 서둔다고 해서 우리도 서두를 필요가 없다. 시편 기자는 이렇게 고백한다.

"여호와께서 집을 세우지 아니하시면 세우는 자의 수고가 헛되며 여호와께서 성을 지키지 아니하시면 파수꾼의 경성함이 허사로다" (시편 127:1)

중요한 일일수록 나의 지식을 의뢰하기보다 하나님의 말씀을 의지해야 한다. 말씀과 지식에 기초해서 최종적으로 결정해야 한다. 그리고 주택 마련을 할 때 부부와 가족들이 많은 의논을 통해서 지혜로운 의사 결정을 하도록 해야 한다.

주택 임차와 주택 구매의 선택

의 · 식 · 주는 모든 사람의 기본적인 생활을 위한 필수적인 요소이다. 이 가운데서 주의 문제를 어떻게 해결할 것인가? 이것은 주거 문제의 의사 결정이다. 이 과정은 다음의 네 단계로 이해할 수 있다.[24)]

• **1단계 : 사전 조사**

– 과연 주택 소유가 필요한가? 아니면 주택 임차가 더 나은가?

– 바람직한 주택의 형태는 무엇인가?

– 주택 관련 자금 조달은 어떻게 할 것인가?

• **2단계 : 후보 주택 시장 조사**

– 주택의 위치는?

– 부동산 중개인의 활용 여부 결정

– 현장 조사 및 법적 하자 유무 검토

• **3단계 : 대상 주택의 가격 협상**

– 시장 가격의 조사

– 가격 협상을 유리하게

• **4단계 : 대상 주택의 임차 및 구매 계약 체결**

– 계약서를 주의 깊게 작성하라.

– 대금 지불

– 법적 절차를 통한 임차 및 구매 완료

주택 소유와 임차의 장 · 단점

주택을 구입하여 소유할 것인가? 아니면 전세나 월세로 임차할 것인가? 이 두 대안의 선택을 지혜롭게 하기 위해서는 먼저 각 대안의 장단점을 이해할 필요가 있다.

주택의 보유는 소유자에게 큰 개인적 성취감을 준다. 또한 주택의 소유는 재무적 안정을 가져다 준다. 그리고 주택은 실물 자산이기 때문에 인플레가 높을 때 인플레 위험을 피할 수 있는 수단이 된다. 실제로 필자가 주택의 인플레 헷지를 분석한 결과 주택은 훌륭한 인플레 헷지 수단이 되는 것으로 조사되었다.[25)]

물론 주택 소유에 따른 단점도 있다. 막대한 주택자금을 마련해야 되기 때문에 재무적 위험이 따른다. 특히 많은 돈을 차입하게 되면 이자율이 높은 기간에는 이자 부담이 너무 커 생활에 지장을 초래할 수도 있다. 또한 직장이 자주 이동될 가능성이 있는 경우에는 거주 이동에 제약을 받기도 한다. 일반적으로 주택을 소유하는 데 소요되는 비용이 임차할 때 드는 비용보다 더 높다. 그리고 구입할 때의 초기 비용으로 세금이 제법 많이 든다는 것도 단점 가운데 하나다.

한편 주택 임차의 장점은 비용이 상대적으로 적게 들고 이주하기에 아주 편리하다는 데 있다. 그리고 주택의 관리와 수선에 대해 일일이 신경을 쓸 필요가 없다. 또한 주택 보유에 따른 재산세를 물지 않아도 된다.

주택 임차의 단점도 있다. 우선 물가가 급격히 상승할 때 인플레에 대한 무방비 상태가 되는 것이 가장 큰 단점이라고 생각된다. 우리나라의 주택임대차 계약의 법정 기간은 보통 2년이다. 그런데 계약 기간이 끝나면 인플레를 반영하여 전세 보증금이나 월세를 추가로 인상하는 것이 불가피하다. 또 하나의 단점은 자기 소유의 집에 살지 않고 전셋집에 살게 되면 가족의 심리적 안정감이 적을 수 있다는 점이다. 물론 이런 것은 우리가 이 세상에서는 나그네라는 신앙을 가짐으로써 극복할 수 있다.

임대차 계약에 따라 주택 소유주에게 맡긴 보증금은 계약 기간 종료 후에 임차인에게 반환되는 것이 필수적인데 가끔 임차보증금 반환을 둘러싸고 법적 문제가 발생할 수 있다. 이런 문제에 대비하기 위해서는 임차인이 전세권 등기 또는 확정일자 등록을 받아둘 필요가 있다. 전세권 등기는 주택의 등기부상에 보증금 상당의 권리를 임차인이 갖고 있다는 사실을 임대인의 동의하에 법적으로 기재하는 것이다. 확정일자 등록은 임대차 계약서의 계약 존재를 공증인이 확인하는 절차다. 확정일자 등록은 전세권 등기에 비하여 비용도 낮고 임대인의 동의가 없어도 동사무소에 전입 신고와 함께 전세 계약서만 있으면 간단하게 처리되기 때문에 일반적으로 사용되는 방법이다.

백만장자들의 주택 구입 지침

주택 구입은 누구에게나 중요한 의사결정이다. 따라서 백만상사들의 주택구입 행태를 살펴보는 것이 유익할 것이다.[26] 백만장자들은 집을 어떻게 구입하는가?

많은 백만장자들은 살 집을 고르는 과정에서도 경제적으로 성공한 요인들이 적용된다. 그들이 매입한 집은 나중에 엄청나게 가격이 올랐다. 이들 백만장자의 대다수가 자수성가한 부자들이다. 그들은 무일푼으로 시작한 사람들이었다. 이들은 집을 구입하는 과정을 투자 계획의 일부로 잡았다. 투자를 계획하고 투자 기회를 따져보는 것은 대다수의 백만장자들에게는 아주 일상적인 일에 지나지 않는다. 이제 이들의 여섯 가지 주택 구입 지침을 들어 보자.

포기하고 물러설 수 있는 여유를 가져라

어떤 경우에든 집을 거래할 때는 포기하고 물러설 수 있는 마음의 여유를 가지고 있어야 한다. 집을 구하면서 백만장자들은 집을 파는 사람에게 사지 않겠다고 말할 수 있는 사람들이었다. 그런데 흥미로운 사실은 부자들의 재산 수준과 비례해서 거래에서 물러설 준비가 되어 있었다. 만일 물러서기가 어려울 것 같은 매매 협상은 시작조차 하지 않은 것이 좋다.

부르는 가격대로 다 지불하지 말라

물건을 살 때 가격을 깎아서 사본 적이 있는가? 어떤 물건을 구입할 때 20%를 할인하여 구입한다면 소득을 20% 더 벌어들이는 효과가 있다. 그 금액이 비록 적다고 할지라도 이것이 누적되면 그 효과가 급격히 증대된다. 집을 구입한다면 부르는 가격 그대로 다 지불한 사람은 그렇게 많지 않다. 백만장자들의 86%는 가격을 깎아달라고 하며, 나머지 사람들도 부르는 대로 다 주는 것이 아니었다. 그들은 꽤 오래 가격을 면밀히 검토한다. 적당한 가격에 물건이 나왔을 경우에만 부르는 값을 쳐주는 것이다.

가격 협상을 할 때 처음에는 아주 낮은 가격을 제시해 볼 필요가 있다. 그런 다음에 팔려는 사람들의 반응을 살펴보아야 한다. 상대방이 전혀 가격을 깎아줄 자세가 되어 있지 않다면 그날은 일단 물러서는 것이 좋다. 다음 단계는 중개업자를 대상으로 수수료를 깎아주도록 요구한다. 이렇게 하면서 집을 팔려는 사람들로 하여금 처음 부른 가격에서 좀 더 깎아주게끔 만들 수 있다.

흥미로운 사실은 가격 협상에서 수수료와 가격을 깎으려 하는 것과 자산수준은 비례 관계에 있다는 것이다. 천만장자는 42%가 수수료와 가격을 깎기 위해 매우 적극적이다. 그런데 백만장자들은 29%만이 가격을 깎으려 협상한다.

짧은 시간에 집을 사려고 하지 말라

사람들은 서두르는 경향이 있다. 그러나 바쁠수록 천천히 해야 실수가 적은 법이다. 만약 당신이 짧은 시간 안에 집을 구입해야 하는 상황이라면 가능한 한 일류 부동산 중개업자를 활용하는 것이 좋다. 수완이 좋고 거래가 활발한 중개업자는 움직이는 데이터 베이스와 같다.

경매 대상의 집을 찾아라

백만장자들은 네 명에 한 명 꼴로 저당권 실정이나 이혼 소송으로 매각되는 싼 집을 찾는다. 주요 인터넷 경제신문은 법원의 경매물건에 관한 정보를 제공한다. 뿐만 아니라 은행에서도 저당권 설정이 되어 있는 부동산을 경매에 붙이고 있다. 집을 구입해야 되는 사람이라면 이런 경매되고 있는 집에 관심을 기울여 볼 만하다.

집을 지을 생각은 말라

백만장자 중에 일부만이 자신들이 살 집을 따로 주문해서 짓는 것으로 나타났다. 이미 다 만들어진 새 집을 구입하는 경우도 있지만 대부분은 다른 사람들이 살던 집을 매입한다.

집을 짓는다는 것은 그렇게 단순하지 않다. 누군가가 집을 짓고 싶다면 자신이 전혀 모르는 사업에 뛰어드는 것처럼 신중해야 할 것이다. 필자가 아는 한 사람은 수의사인데 부동산 업자의 권유로 건물을 짓다가 은행 빚에 쪼들려 결국 그 건물을 경매에 붙였다. 그러나 건물이 팔리지 않아 가계가 완전히 파산 상태에 이르게 되었다.

감당할 수 있는 집을 구입하라

아마 비용에 관계없이 집을 구입한다면 이 사람은 부자이거나 부자가 되어가고 있는 사람일 것이다. 하지만 백만장자들도 어떤 경우에는 비용문제로 고민하며 집을 구입한 적이 있다고 한다.

좀 무리해서 집을 구입하고자 할 때는 몇 가지를 점검해 봐야 한다. 대출금을 갚을 능력이 되는가? 앞으로 수입이 늘어날 것이 확실한가? 집의 시가가 가까운 미래에 크게 오를까? 이런 질문에 긍정적으로 답할 수 없다면 작은 규모의 집을 구입하는 것이 좋을 것이다. 그리고 더 여유가 있을 때 원하는 규모의 집으로 옮기는 것이 낫다.

주택 형태의 선택

어떤 형태의 주택을 택할 것인가? 주택의 종류는 무척 다양하나 크게 단독 주택과 공동 주택으로 구분될 수 있다. 공동 주택에는 아파트, 연립 주택, 다세대 주택으로 나눌 수 있다. 자신이 필요로 하는 형태의 주택을 고르는 데에는 개인적 취향, 향후 투자가치의 변화 등을 종합적으로 고려하여야 한다.

단독 주택의 가장 큰 장점은 지역, 모양, 형태, 가격에서 매우 다양해서 개인의 개별적 필요에 따라 선택할 수 있다는 점이다. 또 단독 주택은 개인의 필요에 따라 자유롭게 수리 및 개선이 가능하다. 그러나 유지와 관리에 드는 모든 비용이 소유자의 책임이어서 공동 주택에 비해 시간적인 면과 경제적인 측면에서 불리하다.

공동 주택은 자신의 개성에 맞추어 주택을 수리하고 개선하는 데 제약이 따른다. 생활에서도 이웃에게 방해가 되지 않도록 주의해야 한다. 그러나 공동 주택은 일정 규모의 단지를 형성하여 생활 편의 시설을 이용하기에 편리하다. 또 주택의 관리와 유지에 소요되는 비용도 저렴하고 시간적으로도 절약된다. 특히 주택의 매매에 있어서 아파트와 같은 공동 주택은 단독 주택에 비해 매매가 쉽다는 것은 큰 장점이다. 실제로 아파트 단지의 규모가 클수록 매매가 손쉽다.

주택 자금, 어떻게 마련할 것인가?

주택 구입에 있어서 필요한 자금을 어떻게 조날하느냐 하는 깃은 매우 중요하고 어려운 과정이다.

무주택자가 필요한 자금을 마련하는 가장 좋은 방법은 신규 분양 아파트를 마련하기 위해 청약저축에 가입하거나 주택청약예금에 가입하는 것이다. 청약저축은 적금형식으로 매월 일정 금액 범위 내에서 불입하여 일정기간이 경과하면 국민주택 및 민간건설 중형 국민주택 청약권이 부여되는 저축제도이다. 가입 대상은 해당 주택건설 지역에 거주하는 무주택 세대주로서 1세대 1계좌에 한한다.

청약예금은 민영주택에 대하여 분양청약 자격이 주어지는 정기예금이다. 이것은 예금 가입시에 예치금액의 크기에 따라 청약할 수 있는 주택 규모가 달라진다.

물론 기존 주택을 구입할 때도 시중 은행으로부터 주택 관련 대출을 받을 수 있다. 그러나 가장 이상적인 것은 미리 주택 자금을 저축으로 마련하는 것이다. 일정 금액의 목돈을 모으고 나서 이 목돈을 지혜롭게 운용을 하면 주택 자금을 마련할 수 있다. 목돈을 마련하는 방법은 여러 가지가 있을 수 있으나 위험에 익숙하지 않은 사람은 전통적으로 사용해 오던 매월 일정 금액을 저축하는 적립식 적금에 가입하면 된다. 그리고 위험 개념에 어느 정도 익숙한 사람은 은행의 예금보다는 높은 금리를 얻을 수 있고 주식 직접 투자보다는 덜 위험한 곳에 투자해 주택 자금을 마련할 수 있다.

스스로 마련한 돈이 다소 부족하다면 여유가 있는 친지로부터 부족한 금액을 차입하는 것도 한 방법이다. 또한 직장을 가지고 있는 사람이라면 직장에서 임대해 주는 주택이 있는지도 확인해 볼 필요가 있다. 일부 직장에서는 주택의 구입 자금을 장기간 낮은 금리로 융자해 주고 있다.

장기 주택 저당 대출이 유리한가?

주택 담보 대출이 장기화되는 경향이 있다. 우리나라에서도 30년 이상 되는 주택 담보 대출 상품이 있다. 이러한 장기 대출상품을 어떻게 생각해야 하는가? 이 문제에 대한 해답을 얻기 위해 성경에서 허용되는 최장의 대출 기한이 7년임을 기억할 필요가 있다.

"매 칠 년 끝에 면제하라" (신명기 15:1)

이스라엘에서는 형제에게 빌려준 빚은 매 7년마다 빚을 탕감해 주도록 되어 있었다. 빚진 자는 채권자의 구속을 받게 되어 있다. 그래서 잠언 22장 7절은 이렇게 말한다.

"부자는 가난한 자를 주관하고 빚진 자는 채주의 종이 되느니라"

만일 당신이 금융기관으로부터 돈을 빌려 집을 사게 되면 그들이 부자가 되도록 도와주는 것이지 정작 당신은 가난하게 될 수 있다. 따라서 단기 자금을 대출하지 않고 장기로 대출을 받게 되면 장기간을 가난한 상태로 살겠다는 것을 뜻한다. 물론 돈을 빌리고 나서 집값이 크게 오른다면 당신에게 유리할 수가 있으나 앞으로는 그러할 가능성이 낮을 것으로 생각된다. 따라서 부득불 부족한 금액을 차입하게 된다면 될수록 짧은 기간 내에 갚을 수 있도록 계획을 세우는 것이 좋다. 사고자 하는 집의 규모가 가격이 너무 높아 장기간 은행으로부터 차입해야 된다면 주택 규모를 줄이는 것도 좋은 방법이다. 자녀들이 어리다면 감당할 수 있는 작은 집을 우선 마련하고 다시 돈을 모아서 나중에 보다 큰 집을 마련하는 것이 더 좋은 방법이 될 수도 있다.

경매를 통한 주택 구입

주택을 경매를 통해 잘 구입하게 되면 낮은 가격으로 마련할 수 있는 것으로 알려져 있다.[27] 경매란 넓은 의미로는 공개적으로 경쟁하여 재화, 즉 동산과 부동산 등을 사고 파는 행위를 말한다. 그러나 좁은 의미로는 국가기관 및 공개기관이 법절차에 의해 공개적으로 개인 및 국공유 재산을 매각하는 공경매를 말한다. 이는 민법상 매매관계가 적용되는 사경매와 대별될 수 있다.

공경매는 한국자산관리공사에 의해 국세징수법의 규율 아래에서 조세 체납자의 재산을 강제로 매각하는 공매와 민사소송법상 경매절차에 따라 법원에서 경매를 집행하는 법원 경매로 구분된다.

경매에 나온 부동산은 한번 유찰될 때마다 최저가에서 20%씩 저감되는 방식으로 진행되므로 신중을 기하면 손해 볼 염려가 없다. 경매 부동산의 함정을 잘 피해나갈 수 있다면 매력이 있는 부동산 재테크의 방법인 것이다.[28)]

경매로 내 집 마련을 하려면 경매 정보지를 구독하는 것이 좋다. 경매 정보지를 활용하면 응찰자의 시간과 비용을 절약시켜 주고 쓸데없는 정력을 낭비하지 않아도 된다. 정보지의 소재란을 보면 '벽돌조 평슬래브 지붕 · 화곡 주공 APT 북서측 도로 월편(건너편), Bus 정류소, 지하철 우장산역 도보 2~3분, 도시가스, 일반주거지역, 주차장 정비지구' 와 같은 내용이 취재되어 있다. 이것을 통해서 본건 물건을 찾아가기도 쉽고 역세권이라는 것도 알 수 있다. 또한 난방의 종류, 용도지역, 지구 등을 한 눈에 볼 수 있다.

생각해 봅시다

집 마련하기

1. 저자는 집을 가장 좋은 투자 대상이라고 주장하는 데 당신도 동의를 합니까?

2. 주택 임차와 주택 소유의 장 · 단점에 대해 적어 봅시다.

3. 백만장자들의 주택 구입 지침에는 어떤 것이 있습니까?

4. 장기 주택 저당 대출과 단기 주택 저당 대출의 장단점을 이야기해 봅시다.

5. 전세 계약을 맺을 때 전세금을 확실히 되돌려 받을 수 있는 방법에는 어떤 것이 있는지 말해 보세요.

"너는 네 식물을 물 위에 던지라 여러 날 후에 도로 찾으리라 일곱에게나 여덟에게 나눠줄지어다 무슨 재앙이 땅에 임할는지 네가 알지 못함이니라"

전도서 11:1~2

열 가지 투자 원리

지금까지 계속해서 주식 투자를 한 사람들의 투자성과는 어떨까? 이 질문에 대한 객관적인 데이터는 없다. 그러나 한 인터넷 증권전문 사이트가 공개한 설문 조사 결과에 따르면 100명 중 86명은 돈을 잃고 있는 것으로 집계됐다.[29)]

이 사이트에 접속한 응답자 1만 1,315명 가운데 약 9,800명은 지금까지 주식투자를 해 손해를 보았으며, 원금을 50% 내지 70% 정도 까먹은 투자자가 10명 중 2명을 조금 웃도는 비율로 가장 많았다. 또 아예 원금을 다 날리거나 빚까지 얻어 "깡통이 됐다"고 응답한 투자자도 12.9%나 됐다. 반면 주식 투자를 해서 본전이 됐다고 응답한 투자자는 4.22%였고, 주식에서 돈을 번 투자자의 비율은 10명 중 1명에 불과한 것으로 집계됐다.

또 주식 투자를 했다가 7천만 원이나 손해를 보자 자신이 근무하던 은행을 턴 혐의로 구속된 은행원이 있었다. 한 40대 남성은 투자한 코스닥 종목이 연일 하한가로 폭락하자 좌절감으로 술을 입에 대기 시작해 결국 알콜 중독으로 병원에 입원하여 치료를 받고 있다. 그런가 하면 결혼을 앞둔 한 여사원은 회사에서 혼수 비용으로 대출받은 2천만 원을 약혼자에게 주식 투자 자금으로 빌려줬다가 깡통을 차고 말았다. 이러한 사례는 주가 폭락으로 실패한 사람들이 겪고 있는 문제의 극히 일부에 지나지 않는다.

성경에서도 투자에 실패한 사례를 여러 군데 소개하고 있는데 그 가운데 하나를 살펴보자.

"그 재물이 재난을 인하여 패하나니 비록 아들은 낳았으나 그 손에 아무 것도 없느니라." (전도서 5:14).

이 말씀을 NASB(New American Standard Bible)버전의 영어 성경에는 재난을 악성 투자(bad investment)로 해석하고 있다.

"When those riches were lost through a bad investment and he had fathered a son, then there was nothing to support him"

성경은 분명히 투자를 잘못하면 투자 금액을 다 잃어버릴 수 있다고 가르쳐 준다. 아버지가 투자를 지혜롭게 하지 못하면 그가 자녀를 양육할 수 없게 되어 가족 부양의 책임을 다 하지 못하게 된다.

성경에서 유전을 찾은 사람

지혜로운 가계 재무관리를 통하여 소비지출을 합리적으로 하고 일정액의 목돈도 마련했는데, 이 돈을 잘못 투자하여 한꺼번에 다 날리게 되면 좌절을 맛보게 된다. 전문 투자 상담가는 주택을 마련하기 전에는 주식 투자를 하지 말도록 권유하고 있다. 그렇다면 성경에서 지혜로운 투자 원리를 배울 수는 없는가?

물론 있다. 성경은 많은 투자 원리를 담고 있는 값진 책이다. 어떤 사람은 성경을 읽고 묵상하다가 유전을 발견하기도 했다.[30] 그 이야기를 한번 들어보자.

스탠다드 오일이 이집트에 유전을 갖고 있는 세계적인 석유회사라는 사실은 널리 알려져 있다. 그러나 어떻게 미국의 한 석유회사가 이집트에 유전을 갖게 되었는가에 대해서는 잘 알려지지 않았다.

스탠다드 오일의 중역 중에 신앙이 돈독한 사람이 있었다. 그가 구약 성경의 창세기를 다 읽고, 이어서 출애굽기를 읽고 있는데 2장에 "레위 족속 중 한 사람이 가서 레위 여자에게 장가들었더니 그 여자가 잉태하여 아들을 낳아 그 준수함을 보고 그를 석 달을 숨겼더니 더 숨길 수 없이 되매 그를 위하여 갈 상자를 가져다가 역청과 나무 신을 칠하고 아이를 거기 담아 하숫가 갈대 사이에 두고…"(출애굽기 2:1~3)라는 구절을 읽게 되었다.

이 성경 구절을 읽는 동안 그의 머리에는 무엇인가 번개처럼 지나가는 것이 있었다. 역청이란 바로 석유를 가리키는 것이 아닌가! 모세의 어머니가 역청을 구하였다면 그곳에는 유전이 틀림없이 있을 것이라고 판단하고 찰스 휫샤트라는 지질학자를 이집트로 보내 현지를 답사하게 했던 것이다. 그는 모세의 어머니가 모세를 갈대 상자에 담아 떠내려 보내었던 바로 그곳에서 거대한 유전을 발견하게 된 것이다. 말하자면 성경을 통해 유전을 발견한 것이다. 하나님의 말씀인 성경은 거짓이 없음을 보여주는 하나의 사례이다.

성경의 많은 곳에서 투자 원리를 찾을 수 있다. 가장 좋은 예는 달란트 비유이다.[31)]

이 비유에서 어떤 원리를 발견할 수 있는가? 첫째는 우리가 가지고 있는 모든 것은 하나님의 소유라는 것이다. 이 비유는, "또 어떤 사람이 타국에 갈제 그 종들을 불러 자기 소유를 맡김과 같으니"(마태복음 25:14) 하고 시작한다. 이 원리는 세 가지의 뜻을 함축하고 있다. 먼저 하나님은 모든 자산에 대해 소유권을 가지고 있고 우리는 그분의 지시에 전적으로 따라야 한다는 것을 의미한다. 즉 소유주는 권리를 가지고, 우리는 책임을 져야 한다. 우리가 이 뜻을 깨닫는다면 십일조를 비롯한 헌금을 기쁜 마음으로 하나님께 드릴 수가 있다. 다윗은 성전 건축을 준비할 때 이러한 것을 알고 즐거운 마음으로 하나님께 바칠 수 있었다.

하나님이 모든 것의 소유자라는 원리가 시사해 주는 또 하나는 내가 소비를 결정하거나 나눔을 결정하는 것이 곧 영적 결정이라는 것이다. 차를 구입하는 것이나 휴가를 가는 것도 영적 결정이라는 것을 의미한다. 또 먹을 것을 사고 빚을 갚는 것도 영적인 결정이다. 심지어 세금을 내는 것도 영적인 의사 결정이다.

하나님이 소유자라는 사실을 알게 됨으로써 누리게 되는 자유를 생각해 보자. 이 사실을 아는 사람은 하나님이 내가 그분의 자산을 어떻게 사용하기를 원하시는지 생각을 하게 된다. 성경은 우리가 소유하고 있는 자산의 사용에 대해 많은 지침을 알려 준다. 청지기로서 자산을 사용할 때 많은 자유가 주어지지만 하나님에 대해 책임을 지고 결산 보고를 해야 한다.

하나님이 모든 것을 소유하고 있다는 것이 세 번째로 의미하는 것은 내가 청지기직을 속일 수 없다는 사실이다. 나의 금전 출납부가 청지기직을 어떻게 믿고 있는가를 다 나타내기 때문이다. 우리의 금전 출납부를 통하여 자서전을 쓸 수 있다. 나의 금전 출납부는 내 삶의 목표, 삶의 우선 순위, 이웃과의 관계와 시간 사용에 이르기까지 모든 것을 반영한다. 그리스도인은 기도나 성경 공부, 또 복음 전도에서 속일 수는 있지만 자신의 금전 출납부가 나타내는 것은 결코 속일 수 없다. 그것이 아마 우리 모두가 자신의 가계 재무를 비밀로 하는 이유일 것이다.

달란트 비유에서 찾을 수 있는 두 번째 원리는 하나님은 돈 관리의 성과에 대해 평가하신다는 것이다. 이 비유를 읽어보면 이 지상에서의 삶은 일시적이고, 주님은 그 시간을 훈련기간으로 사용하신다는 것을 알 수 있다. 전체 비유가 이 점을 강조하고 있다. 하나님은 제한된 지상의 삶을 사는 동안 돈이나 물적 소유물을 하나의 훈련 도구와 평가 방법, 그리고 증거로 사용하고 있음을 말씀을 통해 관찰할 수 있다. 사도 바울은 이렇게 말하고 있다.

"내가 궁핍하므로 말하는 것이 아니라 어떠한 형편에든지 내가 자족하기를 배웠노니 내가 비천에 처할 줄도 알고 풍부에 처할 줄도 알아 모든 일에 배부르며 배고픔과 풍부와 궁핍에도 일체의 비결을 배웠노라" (빌립보서 4:11~12)

돈과 물적 소유물은 하나님이 우리가 인격적으로 성장하도록 사용하는, 매우 효과적인 훈련도구이다. 그러므로 당신은 항상 하나님께, "주님, 이 상황에서 내가 무엇을 배우기를 원하십니까?" 하고 기도해야 할 것이다. "하나님, 왜 나에게 이런 일이 일어나게 하십니까?"라는 기도는 피해야 할 것이다. 하나님은 우리를 근심하고 좌절하게 만드시는 분이 아니다. 그분은 우리의 관심을 끌려고 하실 뿐이며 돈은 우리의 관심을 많이 끄는 대상인 것이다.

돈은 우리를 훈련하는 도구이기도 하지만 또한 우리를 평가하는 방법도 된다. 불의한 청지기의 비유에서 주님은 "너희가 만일 불의한 재물에 충성치 아니하면 누가 참된 것으로 너희에게 맡기겠느냐?"라고 말씀하신다. 이 말씀은 주님께서 재물을 주님의 뜻대로 관리하지 않으면 천국을 맡길 수 없다는 것을 암시하고 있다. 그리고 주님의 최후의 평가와 그에 따른 보상은 지상에서 우리의 돈과 소유를 어떻게 사용했느냐에 달려 있다는 사실을 알 수 있다.

또한 돈에 대한 우리의 태도와 돈의 사용은 세상을 향한 하나의 증거가 된다. 산상수훈에서 주님은 우리가 세상의 소금과 빛으로 살게 된다고 말씀하신다.

세 번째 원리는 투자 금액은 중요하지 않다는 것이다. 이 비유에서 다섯 달란트를 받은 종이나 두 달란트 받은 종에 대한 주님의 평가가 동일한 것을 알 수 있다. 21절과 23절을 비교해 보면 주님이 칭찬하신 내용이 똑같다. "잘 하였도다 착하고 충성된 종아 네가 작은 일에 충성하였으매 내가 많은 것으로 네게 맡기리니 네 주인의 즐거움에 참예할지어다." 주님은 둘다 지극히 작은 것에 충성했기 때문에 하늘의 것을 약속하고 있다. 따라서 우리는 우리 자신이 가지고 있는 돈의 양보다 맡겨진 돈을 어떻게 관리하고 있느냐가 중요하다는 결론을 얻을 수 있다.

달란트 비유를 통해 발견할 수 있는 마지막 원리는 바로 알고 행해야 한다는 것이다. 한 달란트 받은 종은 주인은 굳은 사람이라 심지 않은 데서 거두고 헤치지 않은 데서 모으는 줄로 알았다. 그리스도는 만일 이 종이 주인을 심지도 않고 거두는 자로 잘못 알고 있었다면 주인이 맡긴 돈을 은행에라도 예금을 해서 원금과 이자를 주인이 돌아올 때 받을 수 있게 해야 됐을 것이라고 말씀하셨다.

악한 종은 주인에 대해 잘못 알고 있었다. 그리고 게을러서 주인의 달란트를 적극적으로 활용하지 않고 묻어두었다. 주님은 우리가 투자를 실패하는 것에 대해서는 책망하지 않을 것이지만 주인의 뜻을 제대로 깨닫지 못하고 달란트를 사장하는 자는 책망하실 것이다.

투자 목표에 따라 투자하라

이제 지혜로운 투자 원리를 열 가지 소개한다. 첫 번째 원리는 투자 목표를 세우고 그에 따라 투자하라는 것이다. 투자도 하나의 관리 활동이다. 마음이 조급한 사람들은 계획도 없이 투자를 하지만 지혜로운 사람들은 먼저 앉아서 투자 계획을 세운다. 그리고 세운 계획을 실행한다. 마지막으로 투자를 평가한다. 투자는 이러한 투자 계획, 투자 실행, 그리고 투자 평가의 과정을 반복하게 된다.

투자 계획은 투자 목표를 설정하고 그에 따라 자본을 어떻게 배분하고 자산은 어떻게 배분할 것인가를 결정하는 것이다. 여기서 자본 배분은 전체 투자 금액을 국채와 같은 무위험 자산과 주식과 같은 위험 자산에 대해 배분하는 것을 말하며 자산 배분은 위험 자산을 어떻게 구성할 것인가를 결정하는 것이다. 예컨대 주식과 채권 등에 대한 투자 비율을 결정하는 것이다.

투자 실행은 투자 종목을 선정하고 투자 시점을 결정하는 것이며 투자 평가는 투자 기간의 성과를 평가하고 기존의 포트폴리오를 수정하는 활동이다.

우선 투자 목표를 분명히 해야 한다. 자녀 교육을 위한 투자인지 아니면 주택 마련을 위한 투자인지를 먼저 결정해야 한다. 또 사업 자금 마련을 위한 투자인지 아니면 퇴직 후의 삶을 위한 투자인지를 결정하고 그 목표에 따라 그에 맞는 투자 상품을 선택해야 한다.

자녀의 대학 교육을 위한 투자라면 자녀의 나이에 따라 투자 대상을 택해야 하고 또 될수록 안전한 투자 대상을 선택할 필요가 있다. 어떤 종류의 투자이든 단기적 목표와 장기적 목표를 설정하고 그에 따라 투자하는 것이 좋다.

하나님은 계획을 세우시고 실행하신다. 사람도 하나님의 형상대로 지음을 받았기 때문에 계획을 세우게 되는데, 잠언은 사람이 마음으로 계획을 세우지만 반드시 사람의 뜻대로 이루어지지는 않는다고 말한다. 그래서 언제나 우리는 융통성을 가지고 걸음을 인도하는 자의 뜻에 주의하며 계획을 세워야 한다.

"사람이 마음으로 자기의 길을 계획할지라도 그 걸음을 인도하는 자는 여호와시니라" (잠언 16:9)

수익과 위험을 함께 따져라

사람들이 투자안을 평가할 때 수익률에만 관심이 있지 투자 대상의 위험이 얼마나 큰지에 대해서는 지나쳐 버리는 경향이 있다. 그런데 세상에 공짜는 없다. 모든 투자는 위험이 수반되기 마련이다. 현대 투자 이론은 투자 자산의 기대 수익은 그 자산의 위험의 크기에 비례한다고 설명한다.[32)]

주식은 채권에 비해 더 위험하다. 투자한 주식 가격은 매일 매일 그 가치가 변동한다. 비록 주식의 기대 수익률은 회사채에 비해 더 높지만 투자 위험 또한 회사채에 비할 수 없을 만큼 높다. 그래서 모든 투자 대상을 고려할 때에는 그 자산의 수익률과 함께 위험도 따져봐야 한다. 이에 비하면 예금과 같은 금융 상품은 주식이나 회사채에 비해 약속한 수익률은 낮지만 예금보험이 되는 한 안전한 투자 대상이다.

분산 투자를 하라

미래가 불확실한 상황에서 위험을 줄이는 방법이 있다. 투자 금액을 여러 종류의 자산에 나누어 투자하면 된다. 이 원리를 잘 설명하는 투자 격언이 있다. 계란을 한 바구니에 담지 말라. 이것을 과학적으로 정리한 이론이 바로 포트폴리오 이론인데, 실제로 여러 자산에 나누어 투자하게 되면 투자 위험이 감소한다는 것은 수학적으로 증명이 가능하다.

이 원리는 주식을 구입하려 할 때 특정 종목의 주식에 모든 돈을 투자하지 말고 여러 종목의 주식에 나누어 투자하라는 것이다. 위험 감소 효과를 충분히 얻기 위해서는 주식뿐만 아니라 다양한 투자 대상에 적용해야 한다. 개인적으로 분산 투자하기 어렵다면 간접 투자인 신탁 상품에 가입하는 것도 좋다.

분산 투자를 해야 한다는 원리가 전도서 11장 1절과 2절에 잘 나타나 있다.

"너는 네 식물을 물 위에 던지라 여러 날 후에 도로 찾으리라 일곱에게나 여덟에게 나눠줄지어다 무슨 재앙이 땅에 임할는지 네가 알지 못함이니라."

투기와 조급한 투자를 피하라

요즈음 투자 광고를 보면 마치 지금이 아니면 다시 그러한 투자 기회가 없는 것처럼 유혹하는 경우가 많다. 투자 상품을 판촉하는 판매원의 화술은 보통이 아니다. 지나치게 투자 전망이 좋아 보이거나 예상 투자 수익률이 높아 보인다면 그런 투자는 시간을 가지고 신중하게 결정해야 한다. 성급하게 투자 결정을 내리다가 낭패를 보는 경우가 비일비재하다.

잠언은 우리에게 조급하게 결정하는 것에 대해 경계하고 있다.

"충성된 자는 복이 많아도 속히 부하고자 하는 자는 형벌을 면치 못하리라."
(잠언 28:20)

또 다른 곳에서는 이렇게 말하고 있다.

"악한 눈이 있는 자는 재물을 얻기에만 급하고 빈궁이 자기에게로 임할 줄은 알지 못하느니라." (잠언 28:22).

빌린 돈으로 투자할 때는 신중을 기하라

돈을 빌려서 투자할 경우엔 위험한 투자 대상에 투자하기 쉽다. 왜냐하면 빌린 돈은 자기의 손으로 번 돈이 아니기 때문에 공돈같이 느껴지기 때문이다. 차입해서 투자를 하는 사람의 태도는 조급한 마음이 있고 속히 부자가 되고자 하는 마음도 있는 경우가 많다. 속히 부하고자 하는 자는 부자가 되기보다도 오히려 많은 근심과 고통을 받을 수 있다는 사실을 기억해야 한다.

빚지지 않고 사는 자가 행복하다. 열왕기 하에서 엘리사 선지자를 통해 배운 교훈은 '빚을 갚고 남은 것으로 생활하라'였다. 복리의 원리는 차입자보다는 대출자를 유리하게 한다는 것을 결코 잊어버리지 말아야 한다.

만일 빌린 돈으로 투자하려면 네 단계를 검토하면서 모든 단계를 통과해야 한다. 첫째, 투자하려는 대상이 경제적으로 타당성을 가져야 한다. 이것은 투자안의 경제적 수익이 경제적 비용보다 커야 한다는 것을 말힌다.

둘째, 빌린 돈의 상환이 보장되도록 해야 한다. 예컨대, 주택 저당 대출을 받아 집을 구입할 때 산 집의 가격이 내리더라도 대출금을 상환할 수 있도록 해 두어야 한다는 것을 말한다. 시편은 '악인은 꾸고 갚지 아니하나 의인은 은혜를 베풀고 주느니라'(시편 37:21)고 선언하고 있다.

셋째, 본인의 마음에 평안이 있어야 한다. 어떤 경우에도 근심을 초래하는 투자 결정은 피해야 한다. 하나님은 자녀들이 평안하기를 바라시기 때문이다.

마지막으로 배우자의 동의가 있어야 한다. 비록 투자안의 경제성이 있고 본인의 마음에 평안이 있다 하더라도 배우자가 원하지 않는다면 그 투자는 그만 두는 것이 좋다.

개인적인 보증을 피하라

다른 사람이 돈을 차입할 때 채무 보증을 서는 것은 어리석은 일이다. 채무 보증을 서는 것은 내가 돈을 빌리는 것과 거의 마찬가지이다. 그런데도 불구하고 우리는 채무 보증을 서는 것을 대수롭지 않게 생각하는 경향이 있다. 가까운 친척이나 친구의 채무 보증을 섰다가 가산을 한순간에 날리는 예가 많다. 심지어 월급을 차압당해 가정 경제가 파탄에 이르는 경우도 많다.

가끔 부부가 서로 모르는 가운데 어느 한 쪽이 채무 보증을 선 바람에 가정 불화가 일어나서 낭패를 당하는 경우를 우리 주변에서 흔히 볼 수 있다. 차입과 마찬가지로 부득불 채무보증을 설 때는 배우자가 동의한 후에 하는 것이 좋다. 더 바람직한 것은 보증을 요청하는 사람에게 보증 보험 회사를 통해서 보증을 받도록 하는 것이다. 채무 보증을 거절하여 마음이 불편한 것은 잠깐이나 그 후의 평안은 오래 간다.

잠언은 보증을 서는 것은 어리석은 행위라고 여러 곳에서 경고하고 있다. 그 대표적인 말씀이 잠언 6장에 기록되어 있다. 여기서 지혜로운 교사는 보증의 위험뿐만 아니라 그 해결책도 제시하고 있다.

"내 아들아 네가 만일 이웃을 위하여 담보하며 타인을 위하여 보증하였으면 네 입의 말로 네가 얽혔으며 네 입의 말로 인하여 잡히게 되었느니라

내 아들아 네가 네 이웃의 손에 빠졌은즉 이같이 하라 너는 곧 가서 겸손히 네 이웃에게 간구하여 스스로 구원하되 네 눈으로 잠들게 하지 말며 눈꺼풀로 감기게 하지 말고 노루가 사냥꾼의 손에서 벗어나는 것 같이 새가 그물 치는 자의 손에서 벗어나는 것 같이 스스로 구원하라" (잠언 6:1~5)

보증에 얽힌 슬픈 사연은 너무 많다. 어느 회사원은 지난 91년 사업하는 친구의 부탁을 거절하기 힘들어 은행 대출 1억원에 대해 보증을 서 주었다.[33] 하지만 무려 7년이나 흐른 98년, 친구의 회사가 부도났다며 보증선 돈을 갚으라는 은행의 독촉장이 날아오는 바람에 하나뿐인 집까지 팔고 거리에 나앉게 됐다. 특히 IMF 경제 위기 이후 기업들의 부도와 가계 소득 감소로 연대 보증 피해가 급증하여 심각한 사회 문제로 부각되고 있는 형편이다.

잠언의 다른 곳에서 보증에 대해 경고하는 말씀을 한 번 더 살펴보고 애써 모은 돈을 한 번의 어리석은 행위로 잃어버려 가정의 파탄을 초래하는 일이 없도록 하자.

"타인을 위하여 보증이 되는 자는 손해를 당하여도 보증이 되기를 싫어하는 자는 평안하니라" (잠언 11:15)

"너는 사람으로 더불어 손을 잡지 말며 남의 빚에 보증이 되지 말라 만일 갚을 것이 없으면 네 누운 침상도 빼앗길 것이라 네가 어찌 그리하겠느냐" (잠언 22:26~27)

윤리적인 투자를 하라

윤리적인 투자란 두 가지의 의미로 해석할 수 있다. 우선 투자자가 스스로 사업을 할 때 다른 사람에게 해가 되지 않도록 하는 투자를 말한다. 예컨대, 마약의 매매나 포르노 사진을 매매하는 사업은 하지 말아야 한다. 또한 남을 속여 돈을 버는 것도 금해야 한다. 정직한 사람은 신용이 높아져 장기적으로 사업이나 투자에 성공할 확률이 더 높다.

또 윤리적 투자란 투자자가 기업의 주식을 살 때 기업 경영자가 보다 정직한 기업을 선택하는 것을 말한다. 한 연구에 의하면 장기적으로 성공적인 기업은 윤리적인 기업이었다고 한다.[34] 예컨대, 윤리 자원센터는 윤리적인 기업에 투자했을 때의 투자 수익률이 시장의 평균 수익률의 거의 아홉 배가 되었다는 것을 발견했다.

다른 연구에서는 100년 이상 배당을 지급했던 미국 기업이 윤리를 기업의 최우선으로 둔 기업과 일치하였다는 것을 발견하였다. 또 다른 연구도 비슷한 결과를 보고하고 있다. 즉 평균 수준 이상의 윤리 수준을 행하는 30개 회사는 시장의 평균 수익률보다 훨씬 더 높은 투자 성과를 나타냈다. 과거 30년간 다우 존스 산업 지수는 다섯 배 상승했으나 윤리 수준이 높은 30개 회사의 주식은 23배의 높은 주가 상승을 기록했다.

"악인의 삯은 허무하되 의를 뿌린 자의 상은 확실하니라" (잠언 11:18)

전문가와 투자 상담을 하라

투자에 있어서 전문 지식보다 더 중요한 것은 없다. 본인이 전문 지식을 직접 습득하는 것이 최상의 길이다. 그러나 그렇지 못할 경우에는 전문지식을 갖춘 전문가의 조언을 구하는 것이 지혜롭다. 누가 우리의 상담자가 될 수 있는가? 대부분의 투자 회사에는 투자 상담원이 있다. 이들과 상의하면 짧은 시간에 투자 상품에 대한 전문 지식을 얻을 수 있다.

또한 항상 우리에게 가장 좋은 상담자는 배우자라는 사실을 인식해야 한다. 남편이 투자를 결정할 때 그 아내와 의논하는 것은 지혜로운 일이다. 설사 아내가 투자의 내용에 대한 전문 지식이 부족하더라도 남편은 그것을 아내에게 설명할 수 있어야 한다. 남편이 아내에게 투자 내용을 잘 이해시킬 수 없다면 그 투자는 그만 두는 편이 낫다. 가끔 남편은 지나친 투자 환상에 사로잡힐 때가 있다. 그럴 때 우리는 배우자를 통해서 환상에서 현실로 돌아올 수 있다.

그런데 우리가 여러 사람과 상담하더라도 그들의 충고는 참고일 뿐 궁극적으로 투자결정권은 투자자 자신에게 있다. 만일 투자 상담자의 충고가 배우자의 의견과 상치된다면 배우자의 의견을 더 존중해야 한다. 왜냐하면 배우자가 투자 상담원보다 더 관심을 가지고 있기 때문이다.

"지혜 있는 자는 강하고 지식 있는 자는 힘을 더하나니 너는 모략으로 싸우라 승리는 모사가 많음에 있느니라" (잠언 24:5~6)

근심을 초래하는 투자를 피하라

여의도의 투자자들은 두려움과 탐심으로 투자할지도 모른다. 그러나 그리스도인들은 미래에 대한 불안이나 탐욕이 투자의 동기가 되어서는 안 된다. 돈을 잃어버릴지 모른다는 두려움을 가지는 사람은 아예 정기예금을 하거나 국공채에 투자하는 편이 더 낫다. 인플레를 염려하는 사람은 부동산에 투자하면 될 것이다. 그런데 너무나 많은 사람들이 탐심 때문에 이상한 방법으로 부를 추구하려 한다.

성경은 미래에 대한 두려움이나 탐심으로부터 자유로워야 한다고 가르친다. 예수 그리스도는 "삼가 모든 탐심을 물리치라 사람의 생명이 그 소유의 넉넉한데 있지 아니하니라"(누가복음 12:15)고 권고하신다. 왜냐하면 하나님께서 우리의 필요한 모든 것을 아시기 때문이다. 우리는 돈을 투자할 때 생산적으로 해야 하며 신중해야 한다. 우리는 확신하는 가운데서도 보수적으로 투자하여 좋은 투자 성과를 올릴 수 있다.

시편기자는 이렇게 고백하고 있다.

"여호와여 내 마음이 교만치 아니하고 내 눈이 높지 아니하오며 내가 큰 일과 미치지 못할 기이한 일을 힘쓰지 아니 하나이다" (시편 131:1)

가격이 오른 것은 반드시 내린다

존 템플턴과 같은 성공적인 투자자는 미래에 대해 건전한 기대에 대한 믿음과 경기 하강을 잘 조화시키고 있다. 역사적으로 우리는 항상 호황국면과 침체국면을 경험했다. 그리고 이러한 경기 변동은 앞으로도 계속될 것이다. 그러나 역사적으로 보면 세상은 점점 더 생산성이 증가되었다.

성공적인 펀드 매니저인 피터 린치는 주식 시장의 단기 예측을 하는데 많은 시간을 보내지는 않는다. 그는 경제 지표가 변화될 때마다 주식을 팔아 현금화하지는 않는다. 그 대신 주가가 내려가면 주식을 더 싸게 살 수 있는 기회로 생각한다. 그는 주가 하락을 투자 기회로 삼지 주가 하락 때문에 겁에 질리지는 않는다.

많은 분석가들은 미래를 예측하는데 많은 시간을 보낼 뿐만 아니라 많은 노력을 하고 있다. 어떻게 해서 템플턴과 린치 같은 사람들은 해가 지날수록 돈을 더 많이 벌고 있는지를 연구하는 데 시간을 보내는 것이 더 나을 것이다.

그리스도인의 신앙은 미래를 믿는 것을 경고하고 있다. 솔로몬은 우리에게 이렇게 환기시키고 있다.

"사람이 장래 일을 알지 못하나니 장래 일을 가르칠 자가 누구이랴" (전도서 8:7)

이것은 현대의 경제계에도 그대로 적용된다. 40년간이나 증권계의 최고 전문가와 거래를 한 후에 템플턴은 시장이 어떻게 될 것인가에 대해서는 결코 묻지 않는다. 그 이유는 아무도 정확히 예측할 수 있는 사람이 없기 때문이다. 또한 우리의 예측대로 이루어질 것인지 아니면 빗나갈 것인지에 대해 염려하는 것보다 이러한 자세를 가지는 것이 스트레스를 훨씬 덜 받게 될 것이다.

우리가 할 수 있는 일은 단지 언제 어디에 투자할 것인가를 결정할 수 있을 뿐이다. 투자의 성과는 우리가 알지 못하고 하나님의 손에 달려있는 것이다.

"너는 아침에 씨를 뿌리고 저녁에도 손을 거두지 말라 이것이 잘 될는지, 저것이 잘 될는지, 혹 둘이 다 잘 될는지 알지 못함이니라" (전도서 11:6)

생각해 봅시다

열 가지 투자 원리

1. '성경에서 유전을 찾아내다'의 이야기를 읽고 느낀 점을 말해 봅시다. 또한 성경을 읽다가 특별히 자신에게 유익했던 경험이 있다면 말해 봅시다.

2. '달란트 비유'(마태복음 25:14~30)를 읽고 '재무관리의 원리'나 '투자 원리'를 찾아서 정리해 봅시다.

3. 이 장에서 소개하고 있는 '열 가지 투자 원리'를 읽고 느낀 점을 말해 봅시다.

4. '분산 투자를 하라'는 투자 원리는 성경의 어떤 말씀과 관계가 있는지 그 말씀을 적고 묵상을 해 봅시다.

5. 다음에 나오는 '돈 모은 사람들의 7가지 습관'을 읽고 이 장에 소개하고 있는 '열 가지 투자 원리'와 어떻게 다른지 이야기해 봅시다(이 칼럼은 대구은행의 재테크 상담실에 실린 글을 일부 수정한 것이다).

돈 모은 사람들의 7가지 습관

저금리와 주식 시장의 침체가 지속되면서 많은 고객들이 투자 손실이 확대되어 고민을 하고 있는 것 같다. 어떤 금융 상품에 투자해야 하는지에 대한 상담도 많이 하고 이전과 달리 연구도 많이 하는 것 같다. 하지만 재테크를 잘하기 위해서는 고금리 시대든 저금리 시대든 주식 시장이 활황이든 불황이든 흔들리지 않는 몇 가지 원칙이 있다. 재테크에 성공한 사람들이 지키는 원칙에 대해서 정리해 본다.

생각해 봅시다

첫째, 절대 부하뇌동하지 않는다. 즉 주변의 일시적인 상황 변화나 주변 사람의 말만 믿고 투자하는 것이 아니라 자신의 투자 원칙을 지키며 논리적 판단에 근거해서 투자하는 것이다. 특히 주식 투자의 경우에 부하뇌동하는 경우를 많이 보게 되는데 누가 어떤 종목이 오를 것이라고 말하면 그 주식에 대하여 자세히 알아보지도 않고 사게 되는 경우가 이에 해당된다.

둘째, 미래에 대한 막연한 기대로 투자를 하지 않는다. 오르리라는 막연한 기대만으로 투자할 경우 반대로 떨어질 수도 있다는 위험을 간과할 수 있기 때문이다.

셋째, 경제신문 등을 꼼꼼히 읽는다. 경제 전반에 걸친 나만의 감각을 익히기 위하여 꾸준히 정보를 수집하고 결과에 대해 분석을 한다. 특히 신문이나 기타 매체들에서 전하는 표면적인 기사 거리와 함께 숨겨진 의미를 파악하려 노력한다.

넷째, 장기형 상품에 적극 가입한다. 일반적으로 장기형 상품은 처음에는 가입하기가 쉽지 않지만 일단 가입하고 나면 생각보다 빨리 만기가 돌아온다는 것을 느끼곤 한다. 장기형 상품에는 비과세와 소득공제 혜택 등을 받을 수 있는 상품들이 많아 보다 많은 투자 이익을 얻을 수 있다.

다섯째, 주변 사람들과의 금전 거래를 가급적 삼간다. 어쩔 수 없는 급박한 경우 외에는 높은 이자를 얻기 위해 주변 사람들에게 돈을 빌려주지 않는다. 원금을 회수할 가능성이 희박할 뿐만 아니라 소중한 친분관계마저 잃게 되는 경우가 많기 때문이다.

여섯째, 만기 관리를 철저히 한다. 자기 자산에 대한 기록을 꼼꼼히 하여 적금이 만기가 돌아왔는데도 상당기간 방치해 둔다든지 하는 경우를 최소화하는 것이다. 만기해지 금액의 활용방법을 미리 적극적으로 모색해 놓는다.

마지막으로 계획적으로 행동한다. 예를 들어 가정에서 가계부를 쓴다든지하여 미래를 대비한 계획을 수시로 점검하고 맞추기 위하여 노력하는 것이다. 이것을 실천하기 위해서 가장 필요한 것이 가계 예산을 수립하는 것이다. 짜임새 있는 가계 예산을 현실적으로 수립하여 충동 구매나 지출 손실을 최소화한다.

이상에서 말한 내용들을 잘 살펴보면 누구나 할 수 있는 평범한 사항이라는 것을 알 수 있다. 제일 중요한 것은 두말할 필요 없이 실천에 옮기는 것이다.

"부자의 재물은 그의 견고한 성이요 가난한 자의 궁핍은 그의 패망이니라"

잠언 10:15

부자와 가난한 자의 투자 포트폴리오

미국 연방준비제도 이사회 의장인 앨런 그린스펀의 재산 내역이 공개됐다. 연례 재산 공개 보고서에 따르면 그린스펀은 310만에서 960만 달러의 자산을 보유하고 있는 것으로 나타났다.[35)]

재산 공개 규정에 따라 정확한 액수가 아닌 투자 항목당 대략적인 범위만 밝혀도 되기 때문에 이처럼 자산의 편차가 심하다. 어찌됐든 1999년 재산 공개 당시 최고액 기준으로 보사넌 7백만 달러였던 그린스펀의 재산이 일 년 만에 2백만 달러 이상이 늘어난 셈이다.

그런데 그린스펀은 주로 국채 투자로 쏠쏠한 재미를 봤다. 주식 투자의 이상 과열을 경고해 왔던 그린스펀이 자기 소신대로 주식은 한 주도 사지 않고 국채와 다른 투자 방법만 찾았던 것이다. 결과적으로 2000년 주가가 폭락한 와중에도 그린스펀의 자산은 늘어나게 되었다. 게다가 그린스펀이 주식 투자를 할 경우 금리 인하로 인해 수혜주가 생기면 자칫 구설수에 오를 수 있으나 국채 투자는 그럴 위험이 전혀 없었다. 그린스펀은 소신도 지키고 재산도 불려 일거양득한 셈이다.

부자와 가난한 자

모든 사람이 부자가 되기를 원한다. 그런데 세상에는 부자만 있는 것이 아니라 가난한 자도 있다. 도대체 부자의 기준이 무엇인가? 돈이 얼마나 있으면 부자가 되는 것일까? 세상적인 기준과 성경적 기준은 확연히 다르다. 먼저 세상적 기준의 부자는 주장하는 사람에 따라 다를 수 있다. 먼저 『부자 아빠 가난한 아빠』의 공동 저자인 로버트 기요사키는 매월 자산에서 나오는 수입이 월간 지출을 넘어서면 부자라고 말하고 있다.

또 미국에서 꾸준히 팔리는 책인 『이웃집 백만장자』에 나오는 방법에 의해 본인이 부자인지 가난한 자인지를 판별할 수 있다. 이 부자 셈법에 의하면 우선 세금을 내기 전의 연간 가구 총소득에 자신의 나이를 곱한 뒤 10으로 나눈다. 이 계산 결과 나온 수치가 동년배의 평균 순자산 규모다. 자신이 가진 순 자산이 이 기준 값의 2배 이상이면 부자이고 50% 미만이라면 가난하다고 볼 수 있다. 세전 가구 총소득은 연봉, 금리 소득, 임대 소득 등 모든 소득을 합산한다. 유산으로 물려받은 재산이나 거기서 나오는 소득은 제외한다. 부부의 나이가 다르면 경제적 주도권을 쥐고 있는 쪽의 나이를 기준으로 한다. 맞벌이라면 부부의 나이를 단순 평균해서 적용한다. 이 방법에 의해 자신이 부자인지 아닌지를 쉽게 알아볼 수 있다.

그렇다면 부자에 대한 성경적인 견해는 어떤가? 구약에 나오는 많은 믿음의 사람들이 부자로 살았다. 그런데 예수 그리스도는 많은 곳에서 부자는 천국에 들어가기가 어렵다고 말해 부의 영적 위험을 경고하고 있다. 이런 관점에서 예수 그리스도는 잠시 있다가 없어질 세상의 물질적 부보다는 오히려 영원한 가치가 있는 영적 부에 초점을 두고 있는 것이 분명하다. 진정한 부자는 모든 재물은 하나님께서 내게 잠시 맡기신 것으로 알고 돈을 버는 일이나 쓰는 일에 두 달란트나 다섯 달란트를 받은 자처럼 청지기로서의 책임을 다하는 사람이다.

그리스도인이 영적인 부를 먼저 추구한다는 전제 아래에서 부자가 되기 위해서는 남이 하는 대로 투자해서는 안 된다. '가격이 쌀 때 사고 높을 때 팔아라'는 공식대로 투자하는 사람만이 부자가 될 수 있다.

장기간 동안 투자에 성공하기 위해서는 경제의 펀더멘털을 예상하고 그에 따라 사고 팔아야 한다. 그러나 이에 못지않게 성공적인 투자 전략은 부자와 가난한 자의 차이에서 유추할 수 있다. 역사적으로 볼 때 부자와 가난한 자 사이에 존재하는 유일한 차이는 '부자는 자산을 소유하고 가난한 자는 그 자산을 임차한다'는 사실이다. 자산을 소유한다는 것은 장기적 관점이며 상위 계층이 주로 가지는 관점이다. 또한 오늘의 소비와 만족을 연기하는 전략이다. 이에 반해 자산을 임차하는 것은 단기적 관점이며 하위 계층이 주로 사용한다. 그리고 내일의 만족보다는 현재의 소비를 선호하는 행동이다. 그렇다면 부자가 되는 비결은 아주 간단하다. 그것은 어떤 자산을 언제 소유해야 하는가 하는 것이 된다.

이 문제를 간단히 하기 위해서 투자자가 소유할 자산은 실물 자산과 금융 자산, 이 두 가지로 나눌 수 있다.[36)] 실물 자산은 사업체, 수입이 있는 부동산, 농장, 금, 은, 상품과 같은 자산을 말한다. 금융 자산에는 현금을 비롯하여 정기예금증서, MMF, 국채와 회사채와 같은 자산이 있다. 다시 말하지만 투자의 핵심은 어떤 자산을 언제 소유하며 임대하느냐의 문제이다. 특정의 자산을 소유하는 데는 타이밍이 절대적으로 중요하다.

일반적으로 인플레율이 세후 수익률 보다 높고 부채가 증가하는 경제에서는 우리는 실물 자산을 소유하고 싶어한다. 금융 자산은 세후 수익률이 인플레율보다 높고 경제가 축소될 때 소유한다. 조금 다르게 말하면 복리이자가 실질 수익률의 관점에서 유리하게 작용할 때 금융 자산을 소유하려고 한다.

실물 자산에서 금융 자산으로 바꾸는 데는 금융 자산에서 실물 자산으로 옮기는 것보다 훨씬 시간이 오래 걸린다는 것을 투자자는 이해할 필요가 있다. 이런 의미에서 인플레보다 디플레를 예상하고 대비를 하는 데 더 많은 주의를 요한다. 일반적으로 유동성을 가진 실물 자산을 매입하는 데 필요한 시간과 노력에 비해 실물 자산을 현금화하기 위해 매도하는 데 더 많은 시간과 노력이 든다. 투자뿐만 아니라 삶의 모든 영역에서 거래나 관계를 맺는 것은 쉽지만 그것을 끊고 나오는 데는 더 많은 노력이 들고 시간도 많이 소요된다.

주식 투자에 대한 바른 이해

우리가 경제신문을 보노라면 많은 투자자들이 주식시장에서 한 몫 단단히 보았다는 기사를 읽을 때가 있다. 그러나 미국의 백만장자를 대상으로 분석한 연구에 의하면 이들은 주식 투자를 그들이 경제적으로 성공한 요인으로 생각하지 않는다.[37] 오히려 자신의 사업에 현명하게 투자하는 것이 경제적 성공을 가져다 준 중요한 요인으로 생각했다.

저자도 주식 투자자들의 투자 성과에 관심을 가지고 연구한 적이 있다. 왜냐하면 한 인터넷 증권 사이트의 설문 조사 결과에 따르면 지금까지 주식 투자를 통하여 손해를 본 투자자가 열 명 가운데 아홉 명 정도나 되었기 때문이다.

저자가 1980년부터 1999년까지의 데이터를 가지고 분석한 결과에 의하면 주식 투자의 성과가 정기예금보다 크게 낫다는 결론을 얻을 수 없었다. 주식은 연평균 수익률이 18%로 정기예금보다 높았으나 주식의 위험은 예금과 비교할 수 없을 정도로 높았다. 그러나 2005년 이후부터는 주식시장이 이전과는 질적으로 다르다는 전문가들의 의견이 많다. 결국 어떤 자산에 투자할 것인가는 시장의 전망과 각 투자 대상의 기대 수익과 위험에 따라 결정해야 한다.

주식 투자 자격 판별법

주식 투자를 본인이 직접 하고 싶은 사람은 피터 린치의 투자 자격 판별법에 따라 자신을 평가할 필요가 있다. 이 판별법에 의하면 다섯 가지 질문에 '예'라고 답할 수 있는 사람만이 주식 투자를 성공적으로 할 수 있다.

첫째 질문은 '현재 내 집을 소유하고 있는가?'이다. 그렇지 않다면 주식 투자는 그만 두어야 한다. 오히려 집 마련을 위해 계획을 세우는 것이 낫다. 왜냐하면 집은 가장 좋은 투자 대상이기 때문이다.

둘째는 '투자 자금을 날려도 생활에 지장이 없는 여유 자금으로 하는가?'이다. 여기서 여유 자금이라고 하는 것은 빚이 없고 투자 자금을 다 날려도 생활에 지장이 없는 돈을 말한다. 잉여 자금이 아니라면 주식 투자를 통해 돈을 벌기가 어렵다. 또한 마음의 여유도 없게 된다.

셋째, '나의 IQ가 상위 3%와 하위 10% 사이에 속하는가?' 자문해 봐야 한다. 이 질문은 머리가 너무 좋아도 주식 투자에 실패하기가 쉽고 너무 나빠도 성공을 하기 어렵다는 뜻이다. 주가에 영향을 주는 요인에는 무수히 많아서 머리가 너무 좋은 사람은 이 요인을 일일이 고려하다 보면 너무 자주 매매를 하거나 매매 시점을 포착하지 못할 가능성이 높을 것이다. 또 머리가 너무 나쁜 사람은 투자 대상과 투자 환경을 제대로 이해할 지식이 없기 때문이다.

그 다음에는 '주식 투자 정보를 신문과 뉴스 이외에서 얻고 있는가?'를 물어봐야 한다. 신문이나 뉴스를 통해서만 정보를 입수하는 사람은 주식투자를 할 자격이 없다는 뜻이다.

마지막으로 냉정하고 유연하며 참을성이 있고 자기 자신에 대한 신뢰가 있는가를 점검해야 한다. 자신이 시장 변화에 유연하게 대처를 못한다거나 인내력이 부족하여 자기 신뢰가 부족하다면 앞의 조건을 다 갖추었더라도 직접 투자를 피하는 것이 좋다.

내 몸에 맞는 투자 상품 선택

다른 사람이 주식을 투자한다고 해서 나도 주식 투자를 할 필요가 없다. 개인의 자산 상태, 투자 목적, 그리고 위험에 대한 태도가 다 다르기 때문이다. 모든 투자자는 먼저 자신에 대해 이해할 필요가 있다. 그리고 각 투자 상품의 특성을 이해해야 한다.

또한 자기에게 적절한 투자 상품을 선택해야 한다. 자신의 투자 성향을 점검하기 위해서는 투신사나 증권사에서 제공하는 '투자 성향 테스트'를 받을 필요가 있다. 이들은 고객의 투자 성향이 어떤 유형인지를 미리 파악하여 고객에게 적합한 상품을 소개해 준다.

자신의 투자 성향을 집에서 검사하기를 바라는 사람은 이 장 부록에 첨부된 투자 성향 체크 리스트를 이용할 수 있다.[38] 설문의 답변 내용에 따라 안정형, 안정 성장형, 성장형 및 공격형의 네 가지 유형으로 구분된다. 이제 투자 성향에 따라 투자 상품을 선택할 수 있도록 각 투자 상품을 살펴보자.

예금

IMF 경제 위기 이후에 부실 은행이 퇴출되고 부실한 종합금융회사가 폐쇄되자 투자자들은 재테크에 한층 더 어려움을 겪고 있다. 종전에는 은행에 예치되는 예금은 100% 원금이 보장되었으나 이제는 일정 한도 내의 예금만이 보호를 받을 수 있다. 따라서 우량 금융기관을 중심으로 분산하여 예금을 하는 것이 좋다.

예금 상품을 선택할 때는 언제나 세후 이자를 기준으로 평가하여 선택하여야 한다. 연간 소득이 일정 수준 이하인 경우에는 근로자 우대 신탁이나 저축에 가입할 수 있다. 또한 전 금융권을 통틀어 하나의 예금 상품은 1인당 일정 금액 한도까지 세금 우대를 받을 수 있다. 노후 생활 연금신탁과 소액 채권 저축도 세금 혜택이 있다. 은행이나 증권사 등에서 판매하는 소액 채권 저축은 1년 이상이면 세금 우대를 받는다. 다만 예금 상품의 경우 해마다 일정 금액 범위 내에서만 원리금이 보장되기 때문에 이런 것도 꼼꼼히 따져 봐야 한다.

또 은행권 밖의 예금 상품도 주목할 필요가 있다. 상호신용금고의 경우 은행권보다 높은 예금 금리를 제공한다. 은행권 예금 대신 신용금고

예금으로 세금 우대를 받을 수 있다. 종금사가 발행한 어음과 어음관리계좌(CMA)는 3개월 미만의 단기 자금을 굴리는 데 적합한 상품이다.

농협, 수협, 축협의 단위조합이나 신용협동조합, 새마을금고의 금융 상품의 경우 1인당 일정 금액까지 세금 우대 혜택이 주어진다. 예금 금리도 은행권에 비해 높은 수준이다. 신용협동조합의 경우 농협, 수협, 축협의 단위조합이나 새마을금고는 해당 중앙회나 연합회에서 은행권에 준해 예금보험공사에서 원리금을 보장한다. 다만 금융기관이 파산했을 경우 일정 기간 자신의 돈을 찾지 못한다는 문제가 있을 수 있다.

장기적으로 금리가 어떻게 변동할지 예측하기 어려운 상황이라면 장기 상품에만 가입하면 낭패를 볼 수 있다. 금리가 내려가는 추세라도 경기 회복이 예상보다 빨라 기업의 자금 수요가 일어나면 금리가 다시 오를 가능성도 있기 때문이다.

일단 1년 이상의 장기 상품에 지나치게 많은 돈을 넣어둘 필요는 없다. 1년 짜리 상품을 중심으로 수시로 입출금이 가능한 초단기 상품과 3개월 또는 6개월짜리 단기 상품 등에 적절히 분산해 넣어두고 금리 변동 상황에 따라 투자 구성을 달리 하는 게 현명한 투자 방법이다.

채권 투자

주식 투자는 고수익을 누릴 수 있지만 투자 위험도 그만큼 크다. 반면 채권 투자의 경우 수익률은 높지 않지만 안정적인 수익을 올릴 수 있다. 따라서 재테크에도 자기 몸에 맞는 상품이 있다. 공격적인 투자 성향이라면 주식에, 보수적이라면 채권에 투자하는 게 좋다. 그러나 주식 투자를 하더라도 투자 자금의 일부는 채권이나 금융 상품에 투자

하는 게 바람직하다. 다른 사람에게 돈을 빌려줄 때는 흔히 차용증을 받게 된다. 채권이란 정부나 기업이 일반 투자자에게 교부하는 차용증이라고 할 수 있다.

채권의 종류에는 정부가 발행하는 국채, 지방자치단체가 발행하는 지방채, 공공기관이 발행하는 공채, 기업이 발행하는 회사채, 금융기관이 발행하는 금융채 등이 있다. 국채와 회사채는 발행물량이 많고 따라서 매매가 활발해 일반인들이 투자하기에 쉬운 편이다.

채권은 어떻게 투자하는가? 투자자가 직접 채권을 사서 만기까지 갖고 있거나 아니면 중도에 내다 팔아 매매 차익을 내는 직접 투자와 투자신탁회사나 증권사의 채권형 수익증권에 가입하는 간접 투자의 두 가지가 있다.

직접 투자를 하려면 가까운 증권사 등에서 채권의 종류, 만기, 이자율 등을 따져 투자하면 된다. 이 경우 거래 증권사에서 나중에 채권을 되사주는지 여부를 반드시 확인해야 한다. 일반적으로 약간의 수수료를 제하고 채권을 되사주지만 일부 증권사 등은 그렇지 않다.

채권의 안정성과 수익성도 중요한 점검 사항이다. 국채는 정부가 원리금 지급을 보증하는 것이어서 가장 안전한 채권이다. 그러나 회사채는 기업의 신용등급에 따라 투자적격과 부적격으로 나뉜다. 신용등급이 낮다면 기업이 부도를 낼 가능성이 높고, 부도를 내면 원리금을 못 받게 될 수도 있다.

간접 투자를 하려면 증권사나 투신사에서 판매하는 공사채형 수익증권을 이용한다. 공사채형 수익증권은 고객의 돈을 모아 펀드를 만들고 이를 주로 국공채와 회사채에 투자하는 상품이다. 수익증권의 만기에 따라 1개월, 3개월, 6개월, 1년짜리로 나뉜다. 중도에 돈을 찾을 때는 수익금의 일부를 수수료로 뗀 나머지를 받게 된다.

간접 투자에서 가장 중요한 것은 우량 금융기관을 선택하는 것이다. 금융기관을 잘못 선택하게 되면 제때 돈을 찾지 못하거나 원금마저 떼일 수도 있다.

전환사채 투자

전환사채(CB)는 일정 기간이 지난 뒤 주식으로 바꿀 수 있는 채권이다. CB는 채권 투자를 하면서도 주식 투자의 묘미를 살릴 수 있어 최근 투자자들의 관심을 끌고 있다.

CB의 투자 요령은 단순하다. CB에는 전환 가격이란 것이 있는데 이것은 CB를 주식으로 바꿀 때 기준이 되는 가격이다. 전환 가격이 주가보다 낮을 때는 CB를 주식으로 바꿔 이익을 낼 수 있다. 반대의 경우는 CB를 만기까지 갖고 있다가 원금과 이자를 받으면 된다. 주식으로 바꿀 수 있다는 특징 때문에 CB의 이자율은 일반 채권보다 조금 낮은 편이다.

주식 투자

주식은 주식회사 형태를 취한 사적 기업이 발생한 출자증권이다. 주식을 소유한 사람을 주주라고 하는데 주주는 출자한 전액을 한도로 회사에 대한 유한 책임을 진다. 주주의 권리에는 경영참가권, 이익배당청구권, 신주 인수권, 잔여재산 배분청구권 등이 있다.

특성에 따라 분류를 해 보면 배당의 우선 순위에 따라서 보통주와 우선주로 구분되며 우선주는 전기에 받지 않은 배당을 다음 결산기에 누적하여 배당을 받을 수 있는 권리가 포함되어 있는 누적적 우선주와 이익이 많아 추가적인 배당이 가능한 경우 이에 참가할 수 있는 참가적 우선주로 구분된다. 일반적으로 우선주는 무의결권주인 것이 보통이다.

주식 투자는 어떻게 하는가? 투자자 본인이 직접 주식을 사고 파는 직접투자와 주식형 수익증권이나 뮤추얼 펀드를 이용하는 간접 투자의 두 가지 방식이 있다. 간접 투자의 경우 전문 펀드 매니저가 고객을 대신해서 투자해 주고 그 대가를 받는다. 그러나 이익을 내든 손해를 보든 간에 투자자 본인이 책임을 진다는 점에서는 양쪽 다 마찬가지다.

직접 투자를 원하는 경우에는 우선 증권사에 증권 계좌를 개설해야 한다. 예전엔 무조건 가까운 증권사 지점에서 계좌를 개설했다. 그러나 좋고 나쁜 은행이 있듯이 증권사마다 재무 건전성이나 서비스에서 차이가 난다. 따라서 거래할 증권사를 고르는 데도 신중해야 한다.

계좌를 개설했으면 투자할 주식을 골라 '사자' 또는 '팔자' 주문을 내면 된다. 주문을 낼 때는 직접 방문해도 되지만 전화나 인터넷, PC통신으로도 가능하다. 투자 종목을 고를 때는 증권사 직원과 상담할 수도 있다. 증권사 직원에게 통장과 도장을 맡겨두고 매매를 맡기는 일임 매매가 있는데 이것은 대단히 위험하다. 나중에 시비가 벌어질 가능성도 크다.

주식형 수익증권

간접 투자 방법에는 주식형 수익증권을 사는 경우와 뮤추얼 펀드를 활용하는 방법이 있다. 주식형 수익증권은 조기 상환 수익률을 정해

놓고 이를 달성하면 바로 펀드를 해산하는 스폿 펀드와 기간을 정해 놓고 돈을 맡기는 일반 펀드로 나눌 수 있다. 펀드의 종류는 주식이나 주가 지수 선물에 얼마나 투자하느냐에 따라 달라진다. 상품에 따라 주식 편입 비율은 천양지차다. 이 주식 편입 비율이 높으면 그만큼 위험이 높지만 주가 상승 시에는 수익성이 높은 반면, 채권 투자의 비율이 높으면 비교적 안전하지만 수익성은 그리 크지 않다.

스폿 펀드는 주가가 강세일 때 단기에 높은 수익을 얻는 데 유리한 상품이다. 주로 공격적인 투자를 하기 때문에 투자 위험성은 그만큼 크다. 반면 일반 펀드는 단기 고수익보다는 꾸준한 수익을 목표로 한다. 만기는 보통 6개월에서 1년이며 경우에 따라 중도에 투자한 돈을 다시 빼낼 수 없는 것도 있다.

주식형 수익증권 상품에 가입할 때는 반드시 펀드 운용 계획서를 꼼꼼히 읽어봐야 한다. 특히 펀드 매니저, 주식 편입 비율, 중도 환매 여부, 수수료 등이 필수적인 점검 사항이다. 스폿 펀드의 경우 기간별로 조기 상환 수익률이 얼마인지 반드시 확인해야 한다.

뮤추얼 펀드

뮤추얼 펀드는 투자자가 주주의 자격으로 펀드 운용을 감독할 수 있다는 점에서 주식형 수익증권과 다르다. 펀드 운용 내역이 낱낱이 공개되므로 혹시 부실 채권이 편입되는지 감시할 수 있다. 펀드 운용의 투명성이 뮤추얼 펀드의 가장 큰 장점이다. 만기는 보통 1년이고 폐쇄형의 경우 중도환매에 제한이 따른다. 그러나 해당 뮤추얼 펀드가 거래소 시장이나 코스닥 시장에 상장이 되면 중간에 돈이 필요한 경우

증권시장에서 매도하여 중도 환매할 수도 있다.

뮤추얼 펀드에 가입할 때는 투자 설명서를 자세히 읽어보고 모르는 것이 있을 때는 판매 회사나 운용 회사에 물어봐야 한다. 특히 펀드마다 제 각각인 주식 편입 비율은 반드시 알아둬야 한다. 만기가 되면 투자 수익을 배당금의 형태로 투자자들에게 돌려준다.

부록 : 투자 성향 체크리스트

당신의 위험에 대한 태도를 검사하기 위해 다음 열 가지 문항에 대해 네 가지 보기 중에서 하나를 선택하여 〈문항별 점수표〉에 표시하세요. 그리고 모든 점수를 합하여 〈투자성향 판별표〉에서 당신의 투자 성향이 원금 안전형, 안전형, 안전 성장형, 그리고 성장형 중에 어디에 속하는지 판별해 보세요.

1. 남편이 어제 실직했다. 내일은 결혼기념이라면?

1) 고급 식당을 예약한다.
2) 집에서 식사한다.
3) 신용카드로 남편 선물을 산다.
4) 영화를 본다.

2. 새집을 장만하려는데?

1) 가용자금으로 구매 가능한 주택을 산다.
2) 대출금을 약간 빌린다.
3) 약간 무리한 대출로 일단 사고 본다.
4) 최대한 대출받아 최고급 주택을 산다.

3. 여름 휴가는?

1) 2~3곳 중에서 마음에 드는 곳을 정한다.
2) 평소 가던 곳으로 간다.
3) 항공 요금 50%할인 광고를 보고 재빨리 예약한다.
4) 미지의 여행을 떠난다.

4. 옷 가격이 예상외로 저렴하다. 대신 반환은 안 된다.

1) 대여섯 벌 산다.

2) 두어 벌 산다.

3) 구경만 한다.

4) 맞지 않아도 고쳐 입을 생각으로 선뜻 산다.

5. 정년까지 20년 남았는데?

1) 정년에 대비할 필요는 없다.

2) 노후가 비참한 노인 이야기를 들으면 겁난다.

3) 시간이 충분하니 과감한 투자를 계속한다.

4) 꾸준히 저축한다.

6. TV퀴즈 쇼에서 사회자가 아래의 선택권을 준다면?

1) 동전 앞면이면 확보한 상금의 두 배, 뒷면이면 꽝.

2) 확보한 상금의 두 배에 이르는 가전제품을 준다. 단 어떤 제품인지 모른다.

3) 게임을 끝내고 확보한 상금을 탄다.

4) 회전판을 돌려 정지된 칸에 적힌 금액(확보상금의 1/5에서 5배)을 받는다.

7. 승진을 기대하고 있는데 상사는 '이르다' 고 한다면?

1) 다음에 승진에 안 되면 그만 두겠다고 위협한다.

2) 다음 기회를 노리고 일에만 열중한다.

3) 재고해 달라고 요청한다.

4) 다음에는 승진시켜 주겠다는 약속을 요구한다.

8. 능력 있는 직장 상사가 창업을 제의하면?

1) 빈자리를 차지할 생각으로 직장에 남는다.

2) 제안을 수락하고 함께 퇴사한다.

3) 조건부로 수락한다.

4) 상사의 능력을 믿고 퇴직금으로 공동 출자한다.

9. 여유 자금으로 투자한 금이 6개월 동안 상승하다가 최근 한 달 새 30% 떨어졌다.

1) 빨리 금을 처분한다.

2) 그대로 놔둔다.

3) 금을 좀 더 산다.

4) 금 절반을 처분한다.

10. 친구의 사업이 날로 번창한다. 전망도 꽤 밝다. 여유 자금이 있는데 투자 제의를 받았다.

1) 여유 자금 절반만 투자한다.

2) 여유 자금을 예금 상품에 그대로 둔다.

3) 전액 투자한다.

4) 여유 자금을 투자하고 친지에도 권한다.

[문항별 점수표]

문 항	1	2	3	4
1	8점	2점	10점	5점
2	2점	5점	8점	10점
3	5점	2점	10점	8점
4	10점	5점	2점	8점
5	10점	2점	8점	5점
6	10점	5점	2점	8점
7	10점	2점	8점	5점
8	2점	8점	5점	10점
9	2점	8점	10점	5점
10	5점	2점	8점	10점

[투자 성향 판별표]

총득점	유형
32점 미만	원금안정형
32~58점	안정형
58~82점	안정성장형
83점 이상	성장형

생각해 봅시다

부자와 가난한 자의 투자 포트폴리오

1. 기요사끼 방법과 '이웃집 백만장자'에 나오는 방법에 의하면 당신은 부자에 속합니까?
   또 성경의 관점에 의하면 당신은 부자입니까?

2. 다음 글은 한국경제신문에 게재된 글의 일부를 옮긴 것입니다. 이 글을 읽고 주식 투자에 대해 자신이 느낀 점을 말해 봅시다.

투자성공을 위한 필수 요건들

그러면 그저 평범한 개인 투자자가 주식 투자에 성공해서 일관성 있게 꾸준히 돈을 벌 수 있는 길은 완전히 막혀 있는 것일까?

물론 절대로 그렇지는 않다. 그렇지만 다른 모든 중요한 분야에서와 마찬가지로 개인 투자자가 주식 투자에서 성공하기 위해서는 제법 까다로운 요건을 갖추는 것이 필요 불가결하다.

첫째, 자신의 탐욕을 극복해야 한다. 탐욕은 개인 투자자들을 결국 파멸의 구렁텅이로 몰아넣는 공적 제1호다. 지극히 당연한 것이지만 누가됐건 탐욕에 눈이 먼 투자자들에게는 도대체가 제 정신 차린 사람들이 가지고 있는 분별력이 전혀 없다. 일단 팔았다가 좀 더 싸게 사겠다는 욕심으로 꾹 참고 움켜쥐고 있어야 할 주식을 서둘러 팔아버리는가 하면 주가/이익비율(PER)이 무려 100이 넘으면서 이미 거품을 일으키고 있는 주식도 겁 없이 막 산다. 불행하게도 탐욕은 만족을 모른다.

둘째, 주식 브로커와 투자 조언자를 포함해서 절대로 남의 말을 함부로 믿지 말아야 한다. 개인 투자자들은 자신과 가족들 외에는 아무도 자신의 재산을 진심으로 염려해 주지 않는다는 것을 명심할 필요가 있다.

셋째, 자신의 포트폴리오는 자신이 직접 관리해야 하며 절대로 남에게 맡기지 말아야 한다. 왜냐하면 자기의 투자 목적과 투자 기간과 일정, 위험 부담 능력 등은 자신이 가장 잘 알 수 있기 때문이다.

넷째, 절대로 신용 투자를 해서는 안 된다. 전문가들이라 할지라도 단기간의 주가 향방을 가늠하기가 매우 어려우며 개인 투자자가 길어야 만기가 3개월인 신용 투자를 하게 되면 운 좋게 성공하는 경우는 매우 드물고 결국에는 파멸적인 결과를 초래하기 때문이다.

다섯째, 한 번의 거래에 절대로 투자 자본 총액의 20%를 초과해서 투자하지 않아야 한다. 보통 개인 투자가가 주식 거래에서 매번 성공할 확률은 정상적인 시장상황에서는 거의 제로에 가깝고 실패할 확률 또한 매우 높다. 따라서 단 한 번의 거래에 투자 자금의 20%를 초과해서 투자하지 않도록 하는 엄격한 규율이 필요하다.

여섯째, 종목을 고를 때는 자신이 보기에 적어도 50% 이상의 이익을 낼 것으로 예상되는 종목을 고르도록 해야 한다. 그래야 종종 발생하는 실패한 거래에서 오는 투자 손실을 메우고도 연 20% 이상의 이익을 내는 것이 가능하다.

일곱째, 1회 거래에서 발생하는 손실은 최대한 10%가 넘어서지 않도록 미리 10%선의 손절매 주문을 내놓는 등 대비책이 있어야 한다.

여덟째, 원칙적으로 워크아웃 과정에 있는 기업들에는 투자하지 말아야 한다. 워크아웃 중에 있는 기업들의 가치는 금융전문가들조차 제대로 평가하기가 어렵거나 불가능한 경우가 많다. 게다가 워크아웃은 통상 십중팔구 실패로 끝나는 경

생각해 봅시다

우가 대부분이고 결국 주식가치는 제로가 되는 경우가 압도적이라는 사실에 유의해야 한다.

아홉째, 진부한 원칙이지만 주식 시장에 투자는 하되 투기는 하지 말아야 한다. 솔직히 말해 많은 개인 투자자들이 일삼고 있는 단기매매는 사실상 투기라고 봐야 한다. 주식 시장은 프로와 아마추어가 동등한 조건에서 경쟁하는 곳이 절대 아니다. 법적으로는 금지되어 있지만 많은 내부 거래자들이 거래에 관여하고 있고 또 이들의 영향력이 엄청난 곳이 주식 시장이므로 평범한 개인 투자자들이 투기를 통해 돈을 벌 수 있다는 생각은 터무니없는 넌센스에 불과하다.

이 밖에도 포트폴리오의 다변화를 통한 위험 분산 등 개인 투자자들이 꼭 갖추어야 할 중요한 요건들이 몇 가지 더 있다. 물론 개인 투자자들이 단시일 안에 이러한 성공의 요건들을 모두 갖추기는 매우 어려울 것이다. 그렇지만 하나 하나 조금씩 노력하면 누구에게나 얼마든지 이러한 성공의 요건들이 갖추어질 수 있다고 봐야 한다.

주식 시장은 결코 쉽게 또 빨리 큰돈을 벌 수 있는 그런 환상적인 곳이 절대 아니다. 솔직히 평범한 개인 투자자들에게는 한 순간에 평생 모은 저축금과 재산을 몽땅 날릴 수도 있는 엄청나게 위험한 곳이 바로 주식 시장이라는 사실은 아무리 강조해도 결코 지나치지 않을 것이다.

3. 예금상품, 주식, 채권의 투자상품의 투자 특성을 설명해 봅시다.

4. 간접 투자와 직접 투자의 장 · 단점이 무엇인지에 대해 비교해 봅시다.

5. 한 일간지에 자금 관리 요령으로 '돈주머니 세 개로 나눠라'는 글이 실린 바 있다(동아일보, 2003년 2월 10일자). 이 글에서 돈주머니 세 개는 무엇을 말합니까? 그리고 이것은 앞 장에서 소개하고 있는 열 가지 투자 원리 중 어떤 원리를 적용하고 있는지 말해 봅시다.

생각해 봅시다

이 글에 의하면 '돈주머니 세 개를 만들라'는 자금 관리의 원리를 설명하고 있다. 즉 관리할 돈을 생계용 자금, 오락용 자금, 그리고 재산축적용 자금으로 구분해서 투자해야 된다고 설명하고 있다.

먼저, 생계용 자금은 6개월 내지 1년 동안 생계를 유지하는 데 쓰이는 돈과 자녀학비와 같은 돈은 이자율에 관계없이 은행에 예금해 둔다. 이 돈으로 위험한 주식투자를 하는 것은 금물이다.

오락용 자금은 자산의 10% 정도가 적당하며 개별 주식을 사고 파는 데 쓴다. 기대 수익이 큰 만큼 위험도 크기 때문에 즐기고 잃어버려도 좋을 돈으로 구분해서 시작할 필요가 있다.

그리고 재산축적용 자금은 은행보다는 높은 금리를 얻을 수 있고 주식 직접 투자보다는 덜 위험한 곳에 투자해 자녀 양육비 결혼 자금 주택 자금 노후 생활 자금 등을 마련하는 데 쓴다. 재산축적용 자금은 주식형 수익증권, 채권형 수익증권, 그리고 해외 투자 펀드 등 전문가가 장기적으로 운용하는 간접 투자를 이용하면 된다.

“범사에 너희에게 모본을 보였노니 곧 이같이 수고하여 약한 사람들을 돕고 또 주 예수의 친히 말씀하신 바 주는 것이 받는 것보다 복이 있다 하심을 기억하여야 할지니”

사도행전 20:35

나눔의 즐거움

53세에 불치병과 우울증으로 1년 뒤 죽을 것이라는 선고를 받은 세계적인 거부가 있었다.[39] 미국 석유산업을 장악한 존 록펠러였다. 돈이 인생의 전부라고 생각하며 살아온 그에게는 큰 불행이었다. 그러나 이 시한부 선고로 그는 인생을 다시 생각하게 되었고 돈이 인생의 전부가 아니라는 사실을 깨달았다. 그 날부터 그는 쥐고 있던 돈을 교육계와 의학계, 그리고 시민 단체에 기부하며 살았다. 이렇게 삶의 방향을 바꾼 그는 무려 44년을 더 살았다.

누가 행복한가?

우리는 본성적으로 돈을 모으려는 속성이 있다. 그 이유는 돈을 많이 모으면 더 행복해진다고 생각하기 때문이다. 그런데 이상하게도 돈을 모으면 모을수록 만족하기는커녕 더 불안해진다. 성경은 하나님의 말씀대로 순종해서 살면 부자가 되고 근심이 없이 살 수 있도록 된다고 약속하고 있다. 그러나 성경 어느 곳에서도 부자가 행복하다고 언급한 곳은 없다. 오히려 사도 바울은 예수 그리스도께서는 주는 것이 받는 것보다 행복하다고 말씀하셨다고 말하고 있다.

"범사에 너희에게 모본을 보였노니 곧 이같이 수고하여 약한 사람들을 돕고 또 주 예수의 친히 말씀하신 바 주는 것이 받는 것보다 복이 있다 하심을 기억하여야 할지니" (사도행전 20:35)

아무리 태산같이 많은 돈을 쌓아두었더라도 이 진리를 깨닫지 못하고 그대로 살 수 없는 사람은 행복한 삶을 산다고 할 수 없다. 베푸는 삶이 행복을 느끼게 해 주는 핵심인 것이다. 신구약 성경은 주는 삶에 대해 매우 강조하고 있다.

베푸는 자의 바른 태도

베풀 때에는 바른 동기로 하는 것이 중요하다. 고린도 전서 13장 3절은 이에 대한 해답을 제공하고 있다. "내가 내게 있는 모든 것으로 구제하고 또 내 몸을 불사르게 내어 줄지라도 사랑이 없으면 내게 아무 유익이 없느니라." 나의 모든 소유를 가지고 가난한 자를 구제하는 것은 다른 어떤 것보다 더 칭찬할 가치가 있는 것 같이 생각된다. 그런데 성경은 사랑에 기초하지 않은 구제는 구제를 행하는 사람에게 전혀 유익이 없다고 말하고 있다. 구제가 먼저가 아니라 사랑이 먼저라는 사실을 주목해야 한다.

우리가 사랑의 동기로 지속적으로 주는 삶을 살기 위해서는 모든 구제가 실제로 주님에게 드리는 것이라는 사실을 인식할 필요가 있다. 우리가 십일조를 교회나 사역자나 가난한 사람에게 준다면 그것은 자선 행위에 지나지 않는다. 그러나 만일 그것이 주님에게 드리는 것이라면 그것은 예배의 행위가 되는 것이다. 왜냐하면 예수 그리스도는 우리의 창조주이며 우리의 구원자요, 또한 모든 필요한 것을 공급하시는 분이기 때문에 그분에게 헌금을 바침으로써 우리의 감사와 사랑을 표시할 수 있다. 예를 들면, 교회에서 헌금 주머니를 돌릴 때 우리는 헌금을 주님 자신에게 드린다는 의식을 가질 필요가 있다.

베푸는 삶의 유익

물론 구제는 받는 사람에게 유익하다. 그러나 하나님의 경제에 의하면 바른 태도를 가지고 구제를 하게 되면 베푸는 사람이 받는 사람보다 더 유익하다. 성경을 연구해 보면 네 영역에서 베푸는 자가 유익하다.

무엇보다도 베푸는 삶은 우리의 관심과 마음을 그리스도에게 집중시킨다. 마태복음 6장 21절은 우리에게 이렇게 말한다.

"네 보물 있는 그 곳에는 네 마음도 있느니라"

이것이 우리가 모든 헌금을 하는 과정에서 예수 그리스도에게 의식적으로 바쳐야 할 필요가 있는 이유이다. 우리가 헌금을 주님께 할 때마다 우리의 마음은 자동적으로 그분께 가까이 가게 된다.

구제를 통해 우리가 얻는 두 번째의 유익은 우리의 인격이 하나님의 형상을 닮게 되는 것이다. 원래 하나님은 우리를 창조하실 때 우리를 하나님의 형상으로 지으셨다. 죄로 인해 하나님의 형상이 손상을 입었으나 하나님 아버지께서 그의 아들의 형상과 일치할 수 있는 길을 열어주셨다. 그리스도는 이타적이다. 불행하게도 우리는 본성적으로 이기적이다. 이기적인 인격을 이타적으로 만들어 그리스도의 형상으로 일치시키는 가장 좋은 방법 가운데 하나는 습관적으로 베푸는 삶을 사는 것이다.

베푸는 삶을 산 훌륭한 모델은 조지 뮬러이다. 그는 유산을 받았을 때 누가복음 15장에 나오는 탕자와는 달리 고아원을 짓고 일생 동안 베푸는 삶을 살았다. 뮬러의 삶은 다른 사람의 필요를 채워주는 봉사로 요약될 수 있다. 나눔은 그 자체가 생명을 가져다 준다. 베푸는 삶은 인간의 고질적인 탐욕이라는 병을 치료하는 가장 효과적인 치료제이다. 그래서 사도 바울은 이렇게 말하고 있다.

"선한 일을 행하고 선한 사업에 부하고 나눠주기를 좋아하며 동정하는 자가 되게 하라 이것이 장래에 자기를 위하여 좋은 터를 쌓아 참된 생명을 취하는 것이니라" (디모데 전서 6:18~19).

마태복음 6장 20절은 이렇게 기록되어 있다.

"오직 너희를 위하여 보물을 하늘에 쌓아 두라 거기는 좀이나 동록이 해하지 못하며 도적이 구멍을 뚫지도 못하고 도적질도 못하느니라"

주님의 이 말씀은 마치 천국은행이 있다는 것을 우리에게 연상시켜 준다. 또한 이 말씀은 우리가 우리의 행복을 위해서는 영원한 투자를 해야 한다는 것을 일깨워 준다.

사도 바울은 빌립보서 4장 17절에서 이렇게 말한다.

"내가 선물을 구함이 아니요 오직 너희에게 유익하도록 과실이 번성하기를 구함이라"

이 구절을 영어 성경으로 살펴보면 바울은 우리 각자에게 천국통장이 개설되어 있음을 알려주고 있다. 우리가 이 세상을 떠날 때 우리의 재물을 함께 가지고 갈 수는 없다. 그러나 세상을 떠나기 전에 천국은행에 개설되어 있는 우리 각자의 구좌에 미리 송금할 수는 있다. 우리가 우리 통장에 있는 잔고를 보고 즐거워하듯이 천국통장에 예치되어 있는 보화를 보고 날마다 즐거워할 수 있어야 한다.

우리가 다른 나라에 이민을 간다면 우리의 모든 소유를 팔아서 그 나라의 화폐로 바꾸어 미리 송금할 것이다. 천국에서 가치 있는 유일한 화폐는 우리의 봉사와 넉넉하게 베푸는 것이다. 순교한 선교사인 짐 일리엇(Jim Illiot)은 이렇게 말한 적이 있다.[40]

"잃어버릴 수 없는 것을 얻기 위해 보존할 수 없는 것을 주는 사람은 바보가 아니다."

베푸는 삶은 영원한 투자가 된다는 것이 베품이 주는 세 번째 유익이다.

베품으로 얻는 마지막 유익은 바른 동기를 가지고 남에게 베풀면 자기 자신에게 다시 증폭되어 되돌아 온다는 데 있다. 잠언은 이렇게 말한다.

"흩어 구제하여도 더욱 부하게 되는 일이 있나니 과도히 아껴도 가난하게 될 뿐이니라 구제를 좋아하는 자는 풍족하여질 것이요 남을 윤택하게 하는 자는 윤택하여지리라" (잠언 11:24~25).

예수 그리스도는 이렇게 말씀하신다.

"주라 그리하면 너희에게 줄 것이니 곧 후히 되어 누르고 흔들어 넘치도록 하여 너희에게 안겨 주리라 너희의 헤아리는 그 헤아림으로 너희도 헤아림을 도로 받을 것이니라" (누가복음 6:38)

얼마를 베풀어야 하나?

베푸는 것이 성경의 뜻이고 우리에게 여러 가지로 유익하다. 그렇다면 얼마나 베풀어야 하는가?

구약에서는 십일조, 즉 소득의 10%를 하나님께 되돌려 주도록 요구하고 있다. 이스라엘 백성이 이 명령에 불순종하였을 때 하나님의 것을 도적질하였다는 책망을 받았다.

"사람이 어찌 하나님의 것을 도적질하겠느냐 그러나 너희는 나의 것을 도적질하고도 말하기를 우리가 어떻게 주의 것을 도적질하였나이까 하도다 이는 곧 십일조와 헌물이라 너희 곧 온 나라가 나의 것을 도적질하였으므로 너희가 저주를 받았느니라" (말라기 3:8~9)

이스라엘 백성들은 온 나라가 하나님의 뜻대로 살지 않았기 때문에 저주를 받았던 것이다.

물론 십일조는 구약의 개념이다. 그러나 신약에서는 마태복음 23장 23절을 제외하면 구체적인 언급은 없다. 그런데 예수 그리스도께서 율법을 폐하러 오신 것이 아니라 완성하러 오셨다는 말씀에 비추어 보고, 또 주는 삶을 강조하신 것을 보면 십일조 정신은 여전히 살아있다. 이것은 엄격한 법칙이라기보다는 최소한의 기준으로 보는 것이 좋을 듯하다.

엘리자베스 오코너는 십일조를 무엇에 기준해서 바쳐야 하는가를 두고 씨름한 것으로 알려져 있다.[41]

그 비율을 어디에다 맞추어야 하는가? 모은 재산에 기준해서 드려야 하는가? 집집마다 다르게 각자의 수입에 기준해서 책정할 것인가? 각자의 사회적 안정도나 생활의 근심 정도에 따를 것인가? 고통을 받는 자에 대한 우리의 예리한 이해 정도에 맞추어야 하나? 우리의 정의감과 모든 물질에 대한 소유권을 하나님께 돌린다는 생각에 맞추어야 하는가? 물론 대답은 이 모든 것들을 다 고려해야 한다는 것이다.

론 사이더(Ron Sider)는 '누진적 십일조' 개념을 제시한 적이 있다.[42] 이것을 간단히 설명하면 평균의 생활수준에 맞춰 생활비 총액의 10%를 내는 것이다. 그리고 부가적 수입이 있을 때마다 일정 수준을 넘을 때마다 5%를 추가한다. 그리고 이렇게 하다가 부가 수입이 평균 생활비보다 18,000 달러를 상회하면 그 부가 수입의 100%를 다 헌금으로 드린다는 것이다.

미국 텍사스주 롱뷰시에 소재하는 르터너 대학의 설립자인 르터너는 자기 수입의 90%를 헌금한 사람으로 유명하다. 물론 이 사람은 막대한 재산을 가진 사람 중의 한 사람이다.

결국 개인이 얼마를 하나님께 드려야 하는 것은 각자의 신앙에 따를 수밖에 없다. 갓 교회에 나온 사람이라면 이 개념을 이해하는 데 제법 시간이 걸릴 수도 있다. 저자도 처음 교회 생활을 시작할 때 이 문제

때문에 고민을 한 사람 중에 하나다. 어떤 목사님이 십일조는 종자 씨앗과 같다는 설교에 감동이 되어 십일조를 시작하려고 했다. 그 이후 십일조 생활은 당연한 것으로 인정되었고 추가의 소득이 있으면 그때마다 성령의 인도에 따라 헌금을 드리게 되었다. 한 가지 분명한 것은 본인의 신앙 상태에 따라 십일조를 거절할 유혹을 받을 수 있다는 것이다.

결국 십일조는 물질 생활에서 하나님께 드리는 최소한의 기준이다. 하나님이 우리의 손으로 하는 일에 축복하셔서 소득이 증가하면 더 드려야 하고 구체적인 것은 기도하는 중에 성령님의 인도에 따라야 한다.

베푸는 삶의 모델

신약성경에서 베푸는 삶에 대한 아주 구체적인 지침이 고린도 전서 16절 1~2절에 주어져 있다. 이것은 헌금 또는 베푸는 삶에 대한 하나의 본이 되기 때문에 이 구절들을 자세히 살펴볼 필요가 있다.

"성도를 위하는 연보에 대하여는 내가 갈라디아 교회들에게 명한 것같이 너희도 그렇게 하라 매주일 첫 날에 너희 각 사람이 이를 얻은 대로 저축하여 두어서 내가 갈 때에 연보를 하지 않게 하라"

이 성경 구절은 헌금에 대하여 다음과 같은 질문들에 대한 해답을 제공하고 있다. 누가, 언제, 무엇을, 어떻게, 왜, 그리고 누구에게와 같은 궁금증을 풀어준다. 여기서 베푸는 삶에 대한 네 가지 원리를 정리해 본다.

첫째, 헌금은 개인적으로 해야 한다. 헌금은 모든 그리스도인의 특권이자 책임이다. 여기에는 노소의 구분이 없고 빈부의 차이도 없다. “너희 각 사람이…”라고 말하고 있기 때문이다. 우리 각자에게 주는 삶을 통해 누려야 할 즐거움이 있는 것이다. 이 생활을 잘 하는 사람은 소수의 사람만이 경험하는 높은 수준의 나눔의 자유를 지속적으로 누리게 된다.

둘째, 나눔은 정기적이고 규칙적으로 되어야 한다. 주님은 우리가 규칙적으로 줄 필요를 아셨기 때문에 “매주일 첫 날에 …” 바치도록 하셨다. 물론 월급을 받는 사람은 월급을 받고 난 후 처음으로 돌아오는 주일에 바칠 수 있도록 하는 것이 좋다. 정기적으로 헌금을 드리면 우리를 그리스도에게로 더 가까이 가게 된다.

셋째, “저축하여 두어서…”라고 말한다. 월급 생활자는 따로 저축할 필요를 느끼지 못하겠으나 자영업을 한다거나 다른 형태로 급여를 받는 사람들은 ‘주님의 통장’을 개설하는 것도 좋을 것이다. 그래서 수입이 있을 때마다 주님의 것은 주님 통장으로 입금을 해 둔다면 저축을 할 때마다 천국에 쌓이는보화로 인해서 기쁨이 가득할 것이다. 중요한 것은 준비하는 마음이다. 미리 준비하는 사람은 그 기쁨을 두 번 누릴 수 있는 셈이 된다.

마지막으로 헌금을 할 때 중요한 것은 미리 생각하고 계획하여 하는 것이다. 가끔 오래 교회 생활을 하다 보면 타성에 젖어서 기계적으로 헌금을 하거나 무계획적으로 헌금을 드릴 때가 있다. 고린도 후서 9장 7절은 계획을 세워 헌금을 하는 것이 좋다고 말하고 있다.

"각각 그 마음에 정한 대로 할 것이요 인색함으로나 억지로 하지 말지니 하나님은 즐겨 내는 자를 사랑하시느니라"

누구에게 주어야 하는가?

대부분의 그리스도인은 베푸는 삶에 대해 누가, 언제, 무엇을, 어떻게, 그리고 왜에 대한 해답은 대체로 일치한다. 그러나 많은 그리스도인은 누구에게 베풀어야 하는가에 대해서는 의견이 다를 때가 있다.

일차적으로 가족과 친척이 나눠야 할 첫 번째 우선 순위에 있음은 분명하다. 오늘날에는 남편이 아내를 돌보지 않거나 부모가 자식을 버리는 경우를 신문을 통해 가끔 보게 된다. 또 다 성장한 자녀가 늙고 힘없는 부모를 버리는 기사도 접하게 될 때는 서글픈 마음이 들기도 한다.

그러나 그리스도인이라면 자기 가족을 돌보지 않고 버리는 것은 결코 용납될 수 없다. 그래서 사도 바울은 디모데 전서 5장 8절에서 이렇게 선언하고 있다.

"누구든지 자기 친족 특히 자기 가족을 돌아보지 아니하면 믿음을 배반한 자요 불신자보다 더 악한 자니라"

다음으로 '누구에게 주어야 하는가?' 에 대한 지침을 얻기 위해 복음의 전략으로 사용되는 사도행전 1장 8절을 참고할 수 있을 것이다. "오직 성령이 너희에게 임하시면 너희가 권능을 받고 예루살렘과 온 유대와 사마리아와 땅 끝까지 이르러 내 증인이 되리라 하시니라." 우리는 많은 사람들의 사역을 통해서 영적인 축복을 받는다. 그렇다면 물질적인 것으로 그들을 돕는 것이 마땅하다.

"저희가 기뻐서 하였거니와 또한 저희는 그들에게 빚진 자니 만일 이방인들이 그들의 신령한 것을 나눠 가졌으면 육신의 것으로 그들을 섬기는 것이 마땅하니라" (로마서 15:27)

우리는 먼저 예배드리러 가는 지역 교회를 예루살렘으로 볼 수 있다. 그래서 출석하는 교회에 일차적으로 헌금을 드려야 한다. 매주 하나님을 더 잘 알도록 그들을 격려하며 자신과 가족의 영적인 성숙이 있도록 도와주는 지역 교회에 빚진 심정으로 헌금을 해야 한다.

어떤 사람에게는 지역 교회뿐만 아니라 다른 사역에도 영향을 받는다. 기독 신문이나 기독교 라디오 방송 또는 텔레비전 방송을 통해 하나님을 더 잘 알게 되고 영적으로 성장하게 된다. 또 선교 단체나 기독 실업인 모임을 통해 많은 영향을 받는 사람도 있을 것이다. 이런 사람들에게는 이 사역단체가 '유다와 사마리아'의 사역에 해당한다고 할 수 있다. 이 사역은 예루살렘 사역보다 정도가 낮은 영향을 받거나 혜택을 얻는다. '유다와 사마리아' 사역에도 우리의 물질을 나눌 수 있는 것이다.

우리가 직접적으로 영적인 혜택을 받지 않는다 하더라도 우리의 마음에 감동을 주는 사역에 물질을 나눌 수도 있다. 어떤 이는 아프리카나 북한 어린이들이 굶어 죽어가고 있다는 영화를 보거나 선교사의 보고에 성령님의 강한 감동을 받고 즉각적으로 반응을 보이기도 한다.

이 밖에도 그리스도인의 사역이 아닌 암 협회나 심장 재단 같은 단체들도 도울 수 있다. 우리의 가족이 이런 단체로부터 도움을 받을 수도 있기 때문이다. 우리가 혜택을 누린다면 당연히 그들을 도와야 한다. 그러나 이런 기관들은 그리스도인의 사역을 지원하지 않는 불신자들로부터도 도움을 받고 있다. 그러므로 궁극적인 우선권은 예수 그리스도를 전파하는 조직을 지원해야 하는 것이다.

예수 그리스도는 가난한 자에게 특별한 관심을 가지고 있다. 굶주리고 헐벗은 자들에게 배부르게 하고 입을 것을 주는 자는 바로 주님에게 그렇게 한 것과 같은 것으로 간주하고 있다.

"내가 주릴 때에 너희가 먹을 것을 주었고 목마를 때에 마시게 하였고 나그네 되었을 때에 영접하였고 벗었을 때에 옷을 입혔고 병들었을 때에 돌아보았고 옥에 갇혔을 때에 와서 보았느니라" (마태복음 25:35~36)

그러나 어려움에 처한 자들을 돌보지 않은 것은 곧 주님에게 그렇게 하지 않은 것과 같다고 말씀하신다.

"내가 주릴 때에 너희가 먹을 것을 주지 아니하였고 목마를 때에 마시게 하지 아니하였고 나그네 되었을 때에 영접하지 아니하였고 벗었을 때에 옷 입히지 아니하였고 병들었을 때와 옥에 갇혔을 때에 돌아보지 아니 하였느니라 하시니" (마태복음 25:42~43)

우리는 주님을 섬기기를 원하고 있다. 어떻게 주님을 섬길 수 있는가? 굶주리고 목마른 자를 돌보는 것이 곧 주님을 섬기는 길이다. 또 나그네를 영접하면 주님을 영접하게 된다. 병든 자와 옥에 갇힌 자에게 전도하고 돌보는 것이 곧 주님을 섬기는 것이 된다.

베풀고 베풀지 않는 것은 우리의 기도 생활과 건강에도 영향을 줄 뿐만 아니라 하나님과의 교제에도 영향을 주게 된다. 먼저 가난한 자를 돌보지 않으면 우리의 기도 생활이 장애를 받을 수 있다고 성경은 알려주고 있다. 먼저 이사야서 58장을 보자.

"나의 기뻐하는 금식은 … 또 주린 자에게 네 식물을 나눠주며 유리하는 빈민을 네 집에 들이며 벗은 자를 보면 입히며 또 네 골육을 피하여 스스로 숨지 아니하는 것이 아니겠느냐 그리하면 네 빛이 아침같이 비칠 것이며 네 치료가 급속할 것이며 네 의가 네 앞에 행하고 여호와의 영광이 네 뒤에 호위하리니 네가 부를 때에는 나 여호와가 응답하겠고 네가 부르짖을 때에는 말하기를 내가 여기 있나 하리라" (이사야 58:6~9)

잠언에도 가난한 자를 돌보는 것은 우리의 기도가 하나님의 응답을 받는 열쇠가 된다고 말하고 있다.

"귀를 막아 가난한 자의 부르짖는 소리를 듣지 아니하면 자기의 부르짖을 때에도 들을 자가 없으리라" (잠언 21:13)

또한 우리의 경제 생활도 우리가 얼마나 가난한 자를 돌아보느냐에 따라 영향을 받는다. 잠언 28장 27절은 이렇게 말한다.

"가난한 자를 구제하는 자는 궁핍하지 아니 하려니와 못 본 체 하는 자에게는 저주가 많으리라"

마지막으로 가난한 자를 도와주는 것은 우리와 하나님과의 관계를 증진시킨다.

"그는 가난한 자와 궁핍한 자를 신원하고 형통하였나니 이것이 나를 앎이 아니냐 여호와의 말이니라" (예레미야 22:16)

가난한 자를 제대로 구제하지 못하는 것은 부분적으로는 정부의 잘못된 복지 정책 탓일 수도 있다. 그러나 정부가 하지 못하는 것을 하나님을 경외하는 사람들이 해야 할 것이다. 우리도 욥처럼 고백할 수 있었으면 좋겠다는 생각이 든다.

"이는 내가 부르짖는 빈민과 도와줄 자 없는 고아를 건졌음이라… 과부의 마음이 나로 인하여 기뻐 노래하였었느니라… 나는 소경의 눈도 되고 절뚝발이의 발도 되고...빈궁한 자의 아비도 되며 생소한 자의 일을 사실하여 주었으며" (욥 29:12~16)

물론 우리의 수입이 제한되어 있고 돌봐야 할 사람이 많을 때, 우리는 고민을 할 수밖에 없다. 더군다나 친척을 도와준 것이 보람이 되지 않을 때 낙담을 하기도 한다. 이런 사람은 테레사 수녀의 말을 되뇌어 볼 필요가 있다.

빈민 구제 활동으로 1979년 노벨 평화상을 받은 테레사 수녀가 87회 생일을 맞았을 때였다. 거의 50년을 가난한 사람들을 위해 살아온 그녀에게 어떤 사람이 물었다.

"헌신과 수고라는 것은 그래도 가능성 있는 사람들을 위해 해야 가치 있는 것이 아니겠습니까? 가망 없는 사람들을 위해 수고할 필요가 무엇이 있겠습니까?"

그러자 '빈민가의 천사'는 이렇게 말했다. "그들도 천사처럼 죽어갈 권리가 있습니다." 테레사 수녀는 바울이 한 격려의 말을 기억하고 그대로 살았던 천사였음이 틀림없다.

"우리가 선을 행하되 낙심하지 말지니 피곤하지 아니하면 때가 이르매 거두리라" (갈라디아 6:9)

생각해 봅시다

나눔의 즐거움

1. 이 장의 첫 부분에 53세에 불치병과 우울증으로 1년 뒤 죽을 것이라는 선고를 받은 세계적인 거부 록펠러가 90세가 넘도록 오래 장수한 비결이 어디에 있었다고 생각합니까?

2. '베푸는 자가 받는 자보다 더 행복하다'(사도행전 20:35)는 진리에 당신도 수긍합니까?
   또 사도 바울이 예수 그리스도께서 친히 "주는 것이 받는 것보다 복이 있다"고 말씀하셨다고 주장하는데 그 근거가 무엇인지 말해 봅시다.

3. 구제는 베푸는 자에게 어떤 유익을 주는지 말해 봅시다.

4. 당신은 소득의 얼마를 베풀어야 한다고 생각합니까?
   또 누구에게 어떤 원리에 따라 주어야 하는지 자신의 의견을 말해 봅시다.
   (디모데 전서 5:8과 사도행전 1:8 참고)

5. 구제의 바른 동기가 무엇인지를 고린도 전서 13장을 참고해서 말해 봅시다.
   (고린도 전서 13:1~3 참고)

"마땅히 행할 길을 아이에게 가르치라 그리하면 늙어도 그것을 떠나지 아니하리라"

잠언 22:6

자녀의 재무 교육과 훈련

세계적인 대부호 록펠러가 처음 십일조를 드린 것은 여섯 살 때였다.[43] 가난한 농부의 아들인 록펠러는 어머니로부터 1주일에 20센트씩 용돈을 받았다. 그때 어머니는 록펠러의 손을 잡고 이렇게 말했다.

"얘야, 20센트중 십일조인 2센트는 하나님의 몫이란다. 오늘 교회에 가서 제일 먼저 2센트의 십일조를 드려야 한다."

록펠러는 그날부터 92세로 세상을 떠날 때까지 철저하게 십일조를 드렸다. 그는 어느 신문 기자에게서 세계 제일의 부자가 된 비결이 무엇이냐는 질문을 받았다.

"나는 어머니로부터 굉장한 유산을 물려받았다. 그것은 신앙이라는 이름의 유산이었다. 나는 사업에 대한 모든 비전을 기도하는 중에 얻었고 그것을 십일조로 보답했다."

부모가 남긴 재물은 형제간의 우애를 끊어 놓을 수도 있다. 그러나 신앙은 영원히 소멸되지 않는 고귀한 유산이다.

제일 좋은 자녀 교육 방법

한국 부모들은 자녀 교육에 대해서 어느 나라 국민보다 뜨거운 열정을 갖고 있다. 그런데 효과적인 교육 방법과 원리에 대해서는 잘 모르는 것 같다. 이스라엘 백성은 오늘날 작은 국토와 국민을 가지고 있으면서도 노벨상을 가장 많이 받은 민족 중에 하나에 속할 뿐만 아니라 세계의 금융시장을 장악하고 있는 것으로 알려져 있다. 이들이 세계 여러 국민 중에서 탁월한 원인이 어디에 있을까? 그것은 이스라엘 부모들이 '쉐마'에 기초하여 자녀를 교육했기 때문이라고 할 것이다. '쉐마'란 '들으라'는 뜻의 히브리어이다. 유대의 경건한 자들은 날마다 '쉐마'를 신앙 고백으로 낭송하였다. 이 '쉐마'를 통하여 자녀 교육의 원리를 배우자.

"이스라엘아 들으라 우리 하나님 여호와는 오직 하나인 여호와시니 너는 마음을 다하고 성품을 다하고 힘을 다하여 네 하나님 여호와를 사랑하라. 오늘날 내가 네게 명하는 이 말씀을 너는 마음에 새기고 네 자녀에게 부지런히 가르치며 집에 앉았을 때에든지 길에 행할 때에든지 누웠을 때에든지 일어날 때에든지 이 말씀을 강론할 것이며, 너는 또 그것을 네 손목에 매어 기호를 삼으며 네 미간에 붙여 표를 삼고, 또 네 집 문설주와 바깥 문에 기록할지니라" (신명기 6:4~9)

자녀를 제대로 교육하기 위해서는 부모가 먼저 하나님의 말씀을 들어야 한다. 부모가 하나님을 사랑하는 마음으로 하나님의 명령을 자신의 마음판에 새겨야 한다. 모든 교육의 출발은 가정에서 비롯된다. 자녀들은 태어나자마자 그 부모의 말을 듣고, 부모가 행하는 모습을 보면서 알게 모르게 배우는 것이다. 우리의 자녀들이 부모의 좋은 점만 배우고 나쁜 점은 배우지 않으면 얼마나 좋으랴! 그러나 그것은 불가능하다. 우리의 경험을 통해서 알고 있듯이 자녀들은 우리의 좋지 못한 것도 그대로 배워 말하고 행하며 산다.

그래서 사도 바울은 본을 보이면서 말씀을 가르쳤다. 그는 먼저 예수 그리스도의 본을 따라 살았다.

"내가 그리스도를 본받는 자 된 것같이 너희는 나를 본받는 자 되라" (고린도 전서 11:1)

부모들이 말씀대로 살게 되면 주께서 약속하신 대로 마음의 평강을 누리게 되고 진리 안에서 자유함을 누리게 된다. 그러면 확신을 가지고 하나님의 말씀을 자녀들에게 가르칠 수 있다. 가르친다고 해서 꼭 시간을 정해서 딱딱한 분위기에서 할 필요는 없다. 식탁에 둘러앉아서 밥을 먹을 때든지 아니면 일상적인 대화를 나눌 때에 이야기할 수 있다. 모든 말씀을 항상 자녀들에게 대화를 통해 가르쳐야 한다.

하나님의 모든 말씀을 가르치되 돈에 대해서도 말씀에 있는 대로 가르쳐야 한다. 그린스펀 미 FRB의장은 "잘못된 판단을 바로잡는데 수년이 걸리므로 어린 시절부터 경제를 제대로 가르쳐야 한다"고 늘 강조했다. 자녀들이 다 자라고 나서 가르친다면 때는 너무 늦은 것이다. 우리는 잠언의 경고를 들어야 한다.

"마땅히 행할 길을 아이에게 가르치라 그리하면 늙어도 그것을 떠나지 아니하리라" (잠언 22:6)

무엇보다도 자녀들이 하나님을 경외하도록 하여 하나님의 지혜를 배우도록 해야 한다. 그렇지 않으면 자녀들이 부모를 기쁘게 하기 보다는 근심이 되는 것이다. 그래서 솔로몬은 이렇게 말하고 있다.

"솔로몬의 잠언이라 지혜로운 아들은 아비로 기쁘게 하거니와 미련한 아들은 어미의 근심이니라" (잠언 10:1)

네 자녀를 알라

자녀를 잘 가르치려면 우리의 자녀가 어떤 아이인지에 대해 관심을 가지고 관찰을 통해 알아야 한다. '당신의 자녀를 진정으로 이해하는 방법' 의 저자인 로스 켐벨 박사에 의하면 부모의 역할을 제대로 하려면 자녀의 기본 성격을 고려해야 한다고 말한다.[44] 켐벨 박사에 의하면 자녀들의 성격을 성확히 분류하기는 어렵지만 자녀들의 성장 과정에서 두 가지 형태의 성격으로 나눌 수 있다. 즉 기본적으로 권위를 인정하는 자녀들(25%)과 권위에 반대하는 경향을 나타내는 자녀들(75%)의 두 부류로 분류할 수 있다.

25%의 부류는 권위 아래에 있기를 원하고 권위 안으로 들어가기를 바란다. 그들의 주된 자긍심은 권위의 인정으로부터 온다. 사실이든 아니든 간에 자녀들의 마음에는 아버지가 그들의 삶에 보다 많은 권위를 가진 인물이다. 그러므로 자녀가 아버지를 인정하는 것은 매우 중요하다.

그러나 75%의 부류는 그들 스스로 하기를 원한다. 이런 자녀는 스스로 생각하고 혼자 결정하고 자신의 앞날을 개척하기를 좋아한다. 그렇다고 반항적인 것은 아니고 가능한 한 간섭받지 않고 살고 싶어 하는 것이다. 동시에 아버지에 대한 인정은 특히 청소년들이 권위에 대한 존경심을 형성하는 데 도움을 준다.

우리의 자녀가 권위에 인정하는 부류에 속하는가? 그렇다면 자상하게 지도하고 가르칠 필요가 있다. 우리의 자녀가 권위에 반대하는 성격을 가졌다고 생각되면 울타리를 크게 정해 주고 그 안에서 자유스럽게 생각하고 결정할 수 있도록 허용해 주어야 한다.

우리의 자녀가 지금 무엇에 관심을 가지고 있는지를 알아내야 한다. 그것은 그들의 말이나 행동을 통해서도 알 수 있을 것이다. 만일 자녀들을 잘 모른다고 생각된다면 시간을 내어 대화의 시간을 따로 만들어서라도 충분히 알 필요가 있다. 그럴 때 자녀를 효과적으로 지도할 수 있는 것이다.

소비 생활의 훈련

어릴 때부터 용돈의 범위 안에서 일정 기간을 지낼 수 있도록 훈련시킬 필요가 있다. 자녀가 중학교에 들어가면 자녀에게 용돈을 그냥 줄 것인가 아니면 일해서 용돈을 벌어 쓰도록 할 것인가를 결정해야 한다. 미국과 같은 나라에서는 자녀들이 중학교에 들어가면 스스로 일해서 벌고자 한다. 그리고 대학 등록금은 자녀들이 스스로 일해서 내려고 한다. 그런데 한국의 부모는 재정적 형편에 관계없이 대학 등록금까지 대주어야 한다는 생각을 가지고 있다.

프랑스의 부모들은 자녀에게 꼭 필요한 것만 부모가 사준다고 한다. 프랑스에서 온 어느 교수는 한국 대학생의 소비 행동이 이해되지 않아 내게 질문한 적이 있다.

"박교수님, 나는 한국 대학생의 소비 생활에 대해 궁금한 것이 있는데 좀 가르쳐 주시겠습니까?"

그래서 나는 "물론이죠. 이해가 안 되는 것이 무엇입니까?" 하고 말했다.

"한국 학생들은 어떻게 해서 많은 학생들이 학교에 자동차를 타고 다닐 수 있습니까? 또 그것을 유지하는 데 드는 비용은 어떻게 마련합니까?"

나도 한참 생각해 봤다. "아마 부모들이 부동산 투자로 돈을 벌어 자녀들에게 자동차를 사준 것 같습니다. 그리고 한국의 부모들은 자녀들을 위해서는 헌신적으로 해 주는 경향이 있어서 유지 비용도 대주게 됩니다." 이렇게 대답을 했더니 그는 하나 더 물어도 되겠느냐고 말했다.

그렇게 하라고 했더니 그가 궁금해서 물었던 것은 나도 평상시에 의아해 했던 것이었다.

"왜 한국 대학생들은 모두가 핸드폰을 가지고 다닙니까? 공중전화가 바로 옆에 있는 대도 핸드폰을 사용하는 이유가 뭡니까? 한국의 부모는 자식이 사달라면 모두 다 사줍니까?"

나는 그 교수에게 "한국이 그동안 빠른 경제 성장으로 인해 소득이 갑자기 늘어나서 그럴 것입니다. 그런데 IMF 경제 위기가 있고 나서도 그런 것은 나도 이해가 잘 안됩니다" 하고 답을 했다.

얼마 전에 알고 있는 한 아버지가 자기 딸이 핸드폰을 사용한 요금이 10만 원 이상이 나왔다고 불평했던 것이 기억났다. 그리고 한국 부모들은 자녀들에게 소비에 관한 훈련을 잘 시키고 있지 않은 것이 아닌가 하는 생각이 들기도 했다.

그러면서 나는 프랑스 국민들은 자녀들에게 어떻게 소비 훈련을 시키는지 궁금했다. 그래서 그에게 이렇게 물었다.

"프랑스에서는 자녀들이 원하는 것을 다 사주지 않습니까?"

"우리는 자녀들이 기본적으로 꼭 필요한 것은 사주지만 핸드폰 같은 고가품을 바랄 때에는 자신들이 일을 해서 사도록 합니다."

나는 짧은 시간이지만 이 프랑스 교수와의 대화를 통해서 한국보다 국민소득이 두 배나 높은 나라에서는 합리적인 소비 생활을 할 뿐만 아니라 자녀들에게도 합리적인 소비 생활을 훈련시키고 있다는 생각이 들었다.

프랑스 국민들은 필요와 욕구, 그리고 정욕을 구분해서 자녀들에게 가르친다는 것이 확인되었다. 국민 소득이 그들의 절반밖에 되지 않는 우리는 자녀들에게 합리적인 소비 교육을 못하는 이유가 어디에 있는지 생각해 볼 필요가 있다. 우리 세대에는 선진국에 진입하지 못했지만, 우리 자녀 세대에는 일등 부국에 진입하도록 하려면 우리 자녀들에게 합리적인 소비 생활부터 가르쳐야 하지 않겠는가!

저축하는 습관

최근에 재정 문제의 유명한 컨설턴트인 섀퍼가 지은 책이 번역되어서 화제가 되고 있다. '열두 살에 부자가 된 키라'가 그 책이다. 이 책은 독일과 미국, 그리고 일본에서 큰 화제를 불러일으킨 어린이 경제 동화이다. 이 동화는 돈에 대한 올바른 가치관과 저축, 투자의 의미 등 경제 이야기를 생생한 모험담으로 전한다.

이 책의 주인공 키라는 용돈 부족에 늘 허덕이는 소녀로 등장한다.

이 소녀는 어느 날 말하는 개, 머니를 만나 빚에 쪼들리는 부모님의 고민을 덜어드리고 자신의 꿈도 이루는 방법을 터득하기 시작한다. 총명한 개, 머니는 '돈이 제일 중요한 건 아니지만 꿈을 이루기 위해서는 꼭 필요하다' 며 우선 꿈이 무엇인지를 깨닫게 해준다.

한달 용돈의 대부분을 CD구입에 쓰던 키라는 절제의 소중함을 배우고 수입의 50%는 미래를 위해, 40%는 소원을 위해, 그리고 나머지 10%는 소비를 위해 사용하는 저축 습관을 기르게 된다. 동네 개를 돌보는 등 일거리를 찾아 돈을 마련하고 재테크와 주식의 원리도 배운다.

나중엔 트룸프 할머니와 펀드 모임을 만들어 많은 이익을 얻고 콜트슈테른 아저씨로부터 공동 창업까지 제안받기에 이른다. 왜 돈이 필요한지 목록을 만들고, 소원 앨범과 소원 상자(저금통)를 만든 뒤 성공 일기를 쓰면서 한 푼씩 모아 증식하는 과정이 사실적으로 묘사되어 있다.

돈 때문에 다투는 엄마 아빠를 보고 부자가 되어야겠다고 다짐한 키라는 자신이 진정으로 배운 것은 돈 버는 방법이 아니라 자신의 꿈과 소원을 이루는 과정을 통해 더욱 커진 자신의 모습이라는 것을 발견하게 된다.

IMF 경제 위기가 일어났던 다음 해인 1998년에 당시 고등학생이었던 필자의 아들이 세뱃돈으로 십여 만 원을 받게 되었을 때 있었던 일이다. 나는 아들에게 그 돈으로 무엇을 할 것인지를 물어보았다.

"너 받은 세뱃돈으로 무엇을 할꺼야?" 아들이 음악을 좋아하던 터라 CD 구입을 하는 데 많이 쓸 것으로 짐작했다.

그러면서 나는 아들에게 이렇게 물었다. "CD를 사려고 하니? 아니면 정기예금을 하겠니? 또는 MMF에 투자할거니? 아니면 주식을 한번 사볼래?"

이렇게 물으면서 각 금융 자산의 예상 수익률과 위험 수준을 설명해 주었다. 그리고 며칠을 두고 생각해 보도록 하였다. 그러던 어느 날, "아빠, 저 주식 한번 사볼래요" 하고 말했다.

"그래? 주식은 잘못 투자한다면 원금을 다 날릴 수 있는데…"라고 끝말을 맺지 않았다. 아들은 "저 그래도 한번 해 볼래요" 하고 반응을 보였다.

"그렇다면 지금이 경제적 위기이니 망할 것 같은 부실 기업은 선택하지 말아야 한다"라고 말하며 산업과 종목을 선택해 보라고 했다.

그랬더니 "SK 주식을 사면 어때요?" 하고 물었다.

"그런데 우선주를 살 거니 아니면 보통주를 살 거니?" 물으면서 보통주와 우선주의 차이를 설명해 주었다.

"SK 우선주를 살래요" 주식 시세를 가만히 보니 SK 우선주는 당시에 액면가인 5,000원을 밑돌아 거래되고 있었다.

"그래, SK 정도면 IMF 경제 위기를 견뎌낼 수 있겠구나." 나는 아들이 예금을 하든지 투자를 하든 그 금액에 상당하는 금액을 보조해 주기로 약속했다.

그 후 아들을 데리고 시내에 있는 한 증권회사에 들러 위탁구좌를 개설해 주었다. 미성년자가 투자할 때는 보호자가 함께 와야 한다고 해서 그렇게 했던 것이다.

위탁구좌에 30만 원 정도를 입금한 후에 주식을 언제 살 것인지를 아들로 하여금 결정하도록 했다. 그러던 어느 날, "저 오늘 SK 우선주를 사고 싶어요" 하고 말했다. 그래서 주문하는 요령을 알려주면서 스스로 전화를 해서 주문을 하라고 했다.

"아빠, 처음에는 아빠가 주문을 좀 내줘요" 하며 아들이 도움을 청했다. 그래서 아들이 보는 앞에서 SK 우선주 50주를 시세보다 조금 낮은 가격에 사자 주문을 냈다. 그 후에 동일한 종목만을 사기도 하고 팔기도 했는데 경제 상황에 따라 매매하는 감각을 익히게 되었다.

물론 매매 시점을 잘못 선택한 때도 있었다. 주가가 크게 내렸던 어느 날 아들에게, "주식 투자가 할 만하니?"하고 물었다.

"이제 다시는 주식 투자를 하지 않을래요!" 하고 말하기도 했다.

그러나 주식 가격이 회복을 하자 다시 이따금 매매를 했다. 흥미있는 사실은 그 이후 아들은 경제 상황에 관심을 가지기 시작했고 일부 금융 상품의 투자 특성을 이해하게 되었다는 것이다. 그런데 놀라운 것은 30만 원을 투자한 것이 수년이 지났을 때에는 시장 가치가 200만 원 이상으로 늘어나 있었다.

어렸을 때는 가지고 싶은 것이 무척 많다. 자녀가 어렸을 때부터 용돈의 일부는 반드시 저축하도록 습관을 길러주어야 한다. 그래야만 자녀가 독립할 때 합리적인 경제 생활을 할 수 있게 될 것이다.

"지혜 있는 자의 집에는 귀한 보배와 기름이 있으나 미련한 자는 이것을 다 삼켜 버리느니라" (잠언 21:20)

빚진 자와 저축하는 자의 차이

자녀들에게 빚진 자는 채권자의 속박을 받는다는 진리를 잘 설명해 주어야 한다.

저축을 하면 경제적으로 넉넉한 삶을 살 수 있지만 반대로 빚을 지게 되면 마음의 평안이 없고 물리적인 구속을 받을 수도 있다는 것을 이해시켜야 한다.

어릴 때부터 자녀에게 이자에 이자가 붙어 돈이 돈을 번다는 복리의 개념을 쉽게 설명해 주어야 한다. 매월 컴퓨터 게임에 5만 원을 쓰는 자녀는 1년에 60만 원을 지출하게 된다.

만일 이 금액을 컴퓨터 게임에 써버리는 대신에 이자율이 12%인 정기예금을 한다고 해보자.

매월 5만 원을 40년간 정기적금을 들게 되면 40년 후에 약 5억 9천만 원을 찾게 된다. 그런데 이 자녀가 매월 5만 원을 부모로부터 빌려서 컴퓨터 게임을 한다면 부모에게 약 5억 9천만 원의 빚을 지게 되는 셈이다.

이것을 실제로 부모와 자녀가 같이 계산을 해 본다면 아마 자녀들이 그 금액의 크기에 깜짝 놀랄 것이다. 한 사람은 약 6억 원의 자산을 가지게 되지만 빌려서 쓰는 사람은 6억 원을 빚을 지고 고생하며 살게 될 것이다. 이 두 사람의 자산의 차이는 무려 12억 원이 된다.

이것이 바로 복리 이자의 무서운 면이다. 어릴 때부터 이 복리 개념과 소비를 연결해서 가르치고 진정으로 자녀가 이 개념을 이해한다면 부자가 될 수 있는 원리를 터득한 셈이다.

자녀들이 친구로부터 돈을 습관적으로 빌리지 않도록 교육할 필요가 있다. 그리고 빌렸다면 반드시 갚아서 약속을 지키도록 가르쳐야 한다. 왜냐하면 갚기로 약속하고 빌리고 갚지 않게 되면 악인으로 낙인이 찍혀 신용을 잃게 되어 사회생활에서 많은 어려움을 겪게 될 것이 불을 보듯 뻔하기 때문이다. 그래서 시편은 이렇게 기록하고 있다.

"악인은 꾸고 갚지 아니하나 의인은 은혜를 베풀고 주는도다" (시편 37:21)

아울러 돈을 빌린 친구가 형편이 어려워서 갚기가 어렵다면 탕감해 줄 마음을 가지도록 이해시켜야 한다. 필자는 수년 전에 한 일간지에 게재된 기사를 잊어버릴 수 없다. 초등학교에 다니던 학생이 자기 친구에게 돈을 3천 원을 빌려주게 되었는데 그 친구가 돈을 갚지 않게 되자 그 친구를 구타하게 되었는데, 얼마나 세게 때렸는지 그 친구가 죽었다는 것이다. 이 기사는 어린 아이라도 돈의 가치를 바로 가르치지 않으면 다른 사람을 미워할 수도 있고 살인할 수도 있다는 것을 우리에게 가르쳐 주고 있다.

그리스도께서는 용서의 원리에 대해 가르치실 때 빚 개념을 통해 가르치신다.(마태복음 18장 21~35절) 우리는 모두 하나님에게 빚을 진 자이다. 우리의 가진 모든 것이 하나님으로부터 받았으니 하나님에게 엄청나게 빚진 자인 것이다. 그런데도 우리는 지극히 작은 금액의 빚을 갚지 않는 친구들을 용서해 주지 못하는 악한 죄성을 가지고 있다. 우리 부모가 먼저 용서와 탕감의 원리를 바로 깨닫고 자녀들에게도 철저하게 가르쳐야 한다.

돈벌이 경험

일은 충성스러운 청지기가 되는 데 필수적이기 때문에 자녀들에게 일의 가치와 즐겁게 일하는 습관을 가지도록 가르칠 책임이 있다. 자녀들에게 일에 대해 훈련시키는 방법으로 어떤 것이 있을까?

자녀에게 일을 충성스럽게 하도록 가르치는 가장 좋은 방법은 집안의 허드렛일을 매일 습관적으로 하도록 하는 것일 것이다. 예를 들면, 아들에게 쓰레기를 정기적으로 버리도록 시킨다든가 설거지를 딸에게 시키는 것이다.

아버지가 직장에서 하는 일을 자녀에게 보여주는 것도 좋은 훈련 방법이다. 시골에서 부모가 농사를 지을 때에는 자녀들이 학교 수업을 마치고 나서는 자연스럽게 농사일을 도왔다. 소의 꼴을 먹이는 일을 도우기도 하고 땔감을 해 오는 일을 하기도 하였다. 그러면서 농사를 짓는 방법을 익혔다. 그런데 요즈음 아이들은 어릴 때부터 일을 배우는 기회를 잃어 버렸다.

요즈음 할 수 있는 것 가운데 하나는 아버지가 실제로 돈을 벌기 위해서 무슨 일을 어떻게 하는지 견학시키는 것이다. 지금은 많은 기업에서 가족들이 회사에서 하루 이틀 정도 아버지가 하는 일을 견학하거나 체험하도록 행사를 벌인다. 이러한 기회를 활용해도 좋고 그렇지 않으면 별도로 날을 정해 아버지의 직장을 견학하고 일도 설명하여 자녀에게 직업에 대한 간접 경험을 할 수 있는 기회를 제공하는 것이 유익하다.

자녀가 집에서 추가의 일을 할 때 공정한 대가를 지급하는 것도 자녀에게 일과 돈과의 관계를 익히게 하는 좋은 방법이다. 예를 들면 자녀에게 매일 구두를 닦게 하고 주당 5천 원 또는 만 원을 줄 수 있다. 또는 세차를 하는 대가로 공정한 임금을 기쁜 마음으로 주는 것도 한 방법이다.

고등학생이나 대학생이 되었을 때는 아르바이트를 하게 하면 교육효과가 매우 높다. 특히 방학 기간에는 용돈을 주는 대신에 아르바이트를 할 수 있도록 독려할 수 있다. 필자는 딸이 유학하는 동안에 기회가 있는 대로 아르바이트를 해서 용돈을 벌도록 독려했다. 학교 도서관에서 일을 하기도 하고 어느 교수의 조교로 일하는 기회도 가지게 되었다. 그런데 이런 경험을 통해 딸은 돈을 버는 것이 얼마나 어려운가를 이해하게 되었고 알뜰하게 소비하게 되었기 때문에 일석이조의 교육 효과가 있었다. 이것이 나중에 실제 직장 생활을 하는 데 큰 도움이 되고 있다.

일을 하게 되면 돈의 소중함을 알게 되기도 하지만 자신의 적성과 재능을 발견할 수 있어 더욱 유익하다. 사람은 누구나 한 가지 이상의 재능을 가지고 있다. 그 재능을 될수록 조기에 발견해서 지속적으로 개발하도록 할 필요가 있다. 달란트 비유에 나오는 한 달란트 받은 종처럼 달란트를 땅 속에 묻어 두면 주인으로부터 책망을 받게 된다. 두 달란트나 다섯 달란트 받은 종처럼 부지런히 그것을 개발하여 성장할 수 있도록 부모가 자녀를 도와주어야 한다.

사도 바울의 일에 대한 가르침을 우리의 자녀들에게도 가르치고 훈련시켜야 한다.

"우리가 너희와 함께 있을 때에도 너희에게 명하기를 누구든지 일하기 싫어하거든 먹지도 말게 하라 하였더니" (데살로니가 후서 3:10)

다니엘의 학습법

최근에 정부에서 초등학생부터 영어를 가르치게 되자 영어 과외와 조기유학이 붐을 이루고 있다. 그래서 자녀의 재능과 의지와는 상관없이 극성맞은 부모들 탓에 자녀들이 고생하는 모습을 보면 안타깝다.

꼭 미국에 가야 영어를 잘 할 수 있는 것은 아니다. 'Crazy English'로 이름이 난 리양은 미국에 한 번도 가보지 않았지만 영어 강사로 중국뿐만 아니라 한국에도 잘 알려진 사람이다.[6] 그는 강연마다 운집하는 1만 여 중국인을 향해 외친다. 언어 침략의 배후에는 문화 침략이, 다시 그 배후에 경제 점령이 있다. 영어를 배우는 목적은 단 한 가지, 바로 돈을 벌기 위해서다.

그는 아주 평범하다. 간쑤성 란저우 대학 시절조차 영어 실력이 형편없었다. 그러나 대학 2학년 때 돌연 '영어는 필수품'이란 생각이 들었다. 그래서 캠퍼스에서 매일 2시간씩, 큰 소리로, 또 빠른 속도로 영어를 절규했다. 정신병자란 손가락질도 받았으나, 두려워하지 않았다. 4개월간 계속하니, 대학 영어 시험에서 2등을 차지하게 됐다. 졸업을 한 뒤 광둥성 라디오 방송국에서 잠시 영어 국제 뉴스 아나운서로 일을 했고, 96년 영어 학교를 개설했다. 최근 일본을 방문한 리양은 시사주간지, 아에라와의 회견에서 이렇게 말했다.

"세계와 교류하는 데 영어는 필수다. 그러나 중국의 영어 교육은 매우 비효율적이고, 4억 5천만 명이 평균 10년 동안 영어 공부를 하지만 회화를 못한다. 영어 잘하는 중국인은 중국 기업에 피해를 입히는 외국계 기업에 근무하고 있다."

영어뿐만 아니라 모든 학습법에는 성경에 기초한 학습법이 최고다. '다니엘의 학습법'을 통해 효과적인 학습 방법을 알아보자.

다니엘은 무엇보다도 하나님은 지식과 명철을 주신다는 믿음을 가지고 있었다.(다니엘 2:22) 잠언은 여호와를 경외하는 것이 지식의 근본이라고 단호히 말하고 있다. 그런데 다니엘은 이 믿음이 철저하였기 때문에 누구보다 뛰어나게 지혜롭고 총명했다. 다니엘서에는 이렇게 기록되어 있다.

"하나님이 이 네 소년에게 지식을 얻게 하시며 모든 학문과 재주에 명철하게 하신 외에 다니엘은 또 모든 이상과 몽조를 깨달아 알더라" (다니엘 1:17)

다니엘은 하나님은 깊고 은밀한 일을 나타내시고 어두운 데 있는 것을 아시며 또 빛이 그와 함께 있기 때문에 아무리 어려운 문제라도 하나님께 기도하면 그가 응답해 주신다고 믿었다. 그래서 그는 기도하면서 공부를 하였다. 그는 아무리 어려운 상황에서도 기도했던 사람이다. 다니엘서는 이 사실을 아래와 같이 확인시켜 주고 있다.

"다니엘이 이 조서에 어인이 찍힌 것을 알고도 자기 집에 돌아가서는 그 방의 예루살렘으로 향하여 열린 창에서 전에 행하던 대로 하루 세 번씩 무릎을 꿇고 기도하며 그 하나님께 감사하였더라" (다니엘 6:10)

이렇게 믿음과 기도로 공부한 결과 다니엘은 친구들보다 그 지식과 지혜가 열 배나 더 하였던 것이다.(다니엘 1:20~21) 그리고 외국인으로서 총리로 여러 왕에 걸쳐서 섬기게 되었다.

유산에 대한 성경의 관점

우리의 자녀들에게 유산을 남겨주는 것이 좋을까? 여기에 대한 성경의 관점은 양면적이다. 한편으로는 착한 사람은 유산을 자녀에게 남겨야 한다는 입장이다. 의인은 유산을 자녀에게 남기게 되지만 죄인은 재물을 물려줄 자녀가 없거나 재앙으로 인하여 재물을 잃게 되어 결국 의인이 그 재물을 취하게 된다는 것이다.

"선인은 그 산업을 자자손손에게 끼쳐도 죄인의 재물은 의인을 위하여 쌓이느니라" (잠언 13:22)

"집과 재물은 조상에게서 상속하거니와 슬기로운 아내는 여호와께로서 말미암느니라" (잠언 19:14)

다른 한편으로는 유산은 상속자에게 결국 복이 되지 않을 것이기 때문에 유산 상속을 부정적으로 본다. "처음에 속히 잡은 산업은 마침내 복이 되지 아니하느니라."(잠언 20:21) 알콘(Alcorn)은 큰 재산을 상속받은 사람들의 이야기를 통해 유산으로 인한 저주가 축복을 훨씬 능가하는 것 같다고 말하고 있는데 이것은 잠언 20장 21절의 말씀을 잘 뒷받침해준다.

잠언은 물질적 유산보다 자녀에게 지혜를 지속적으로 가르치라는 교훈을 주고 있다. 왜냐하면 잠언은 지혜를 얻은 자가 복이 있으며 다른 어떤 것보다 더 가치가 있다고 강조한데 이어 지혜로운 아들이 되도록 가르치는 것이 중요하다고 강조하고 있다.

"솔로몬의 잠언이라 지혜로운 아들은 아비로 기쁘게 하거니와 미련한 아들은 어미의 근심이니라" (잠언 10:1)

자녀의 재무 교육과 훈련

1. '자녀의 재무 교육과 훈련'을 읽고 이 장의 첫 부분에 소개되고 있는 록펠러 어머니가 자식에 대한 십일조 교육을 어떻게 했는지 말해 봅시다. 당신도 자녀들에게 십일조 교육을 하고 있습니까? 만약 아니라면 십일조 교육을 할 계획이 있습니까?

2. 저자는 성경이 자녀에게 교육하는 제일 좋은 교재로 생각하는데, 당신도 여기에 동의를 합니까? 또 성경을 자녀에게 가르치는 데 어떤 어려움이 있는지 말해 봅시다. 또한 이를 극복하는 방법에는 어떤 것이 있는지 말해 봅시다.

3. 이 장의 '소비 생활의 훈련' 부분에 소개되고 있는 글 가운데 저자가 말한 프랑스 교수와의 대화를 통해 한국 부모와 프랑스 부모의 소비 지출 원칙이 어떻게 다른지 말해 봅시다. 이를 통해 무엇을 느꼈는지 말해 봅시다.

4. 이 장에서 저자는 아들에게 저축하고 투자하는 습관을 어떻게 교육했는지 말해 봅시다.

5. 유산에 대한 성경의 관점이 어떤지 말해 봅시다. 또한 유산이 자녀에게 어떤 영향을 주게 될 것인지 말해 봅시다.

6. 다음은 '어린이들에게 제일 소중한 선물'이란 제목의 글입니다.
(이 글은 대구은행 사이트의 재테크 칼럼에 등록된 박기수씨의 칼럼이다.)

이 글을 읽고 우리가 무엇을 배울 수 있는지 자신의 의견을 말해 봅시다.

생각해 봅시다

5월은 어린이날, 어버이날 등 각종 행사로 인해 지출이 많아지는 달이다.

특히 자식에게는 무조건 비싼 것, 좋은 것을 사주고 싶은 것이 부모들의 마음이다. 하지만 아이들이 선물을 소중히 여기고 있는지? 돈의 가치를 인식하고 있는지? 한 번쯤 생각해 볼 일이다.

최근 어느 책에서 읽은 어린이들에게 돈의 가치를 가르치는 몇 가지 법칙에 대해서 정리해 보면 아래와 같다.

첫째, 아무리 작은 돈이라도 돈의 귀중함을 가르쳐라.

만약 부모님이 동전을 알뜰하게 모아서 물품을 구입하거나, 은행에 가져가 지폐로 환전하는 모습을 보여준다면, 자연스럽게 자녀들에게 동전이라도 귀하게 여기는 습관을 심어준다. 물건을 살 때 돌려받는 잔돈 하나하나를 꼼꼼히 확인하는 모습 역시 돈의 귀중함을 실제로 보여주는 산교육이 된다.

둘째, 용돈은 군것질이나 게임방 등에서 허비하는 것이 아니라 모으면 원하는 물건을 구입할 수 있다는 것을 가르쳐야 한다.

셋째, 어린이들에게 돈을 쓰는 것보다 더 매력적인 대안을 제시하라.

은행은 어린이들에게는 매우 생소한 곳이다. 그러므로 은행이 무엇을 하는 곳인지, 저축을 하면 어떤 이익이 있는지를 설명해 주어야 한다.

예를 들어 저축이라는 것은 어린이들의 돈을 은행이 잠시 빌려 사용하고 그 대가로 이자라는 돈을 더 제공한다는 개념을 설명해 줄 필요가 있다.

넷째, 어린이들에게 일과 수입의 상관 관계를 이해할 수 있도록 하라.

물론 가정에서 이루어지고 있는 모든 수입, 지출 사항을 어린이들에게 알려줄 필요는 없지만 가계부를 쓰는 모습이나 돈을 벌기 위해 얼마나 많은 일을 해야 하는지 등과 같은 내용은 가르칠 필요가 있다.

다섯째, 어린이들이 적정한 연령이 되면 적당한 노동의 대가를 경험할 수 있는 방법을 찾을 수 있도록 장려하라.

구두 손질, 설거지 등과 같은 일을 하면 그에 상응한 용돈을 주거나, 성장하여 아르바이트를 할 수 있는 기회가 생기면 적극적으로 장려하여 노동의 대가와 돈을 직접 버는 것이 어떤 것인지 체험할 수 있는 기회를 제공하는 것이 중요하다.

어린이들에게는 경제와 돈의 가치를 형식적인 말이나 주입식 교육 방법으로 가르치기보다는 10원짜리 동전 한 개를 소중하게 다루는 모습을 보여 주고 같이 손을 잡고 은행에 가서 어린이의 명의로 된 예금통장을 만들어 보는 등 행동을 보여 주는 것이 바람직하다.

예금통장은 자녀가 미취학 아동일 때는 부모님 주민등록증과 의료보험증이나 주민등록등본 등을 가지고 가면 만들 수 있다. 이때 중요한 것은 자녀의 이름이 새겨져 있는 도장도 만들고 자녀들이 직접 통장을 만들게 해 보는 것이다.

각종 기념일 날 선물로 어린이 통장을 이용한다면 용돈을 쓰는 습관은 물론이고 경제력이 생겼을 때를 대비하여 저축하는 습관을 가르치는 것이 이 시기에 적절한 재테크이다.

"너희는 먼저 그의 나라와 그의 의를 구하라
그리하면 이 모든 것을 너희에게 더하시리라"

마태복음 6:33

옛날 한 임금이 중병을 앓고 있었다.[46] 그 임금은 의사들을 불러 치료해봤으나 별 효험이 없었다. 그런데 당대 최고의 명의가 "이 세상에서 가장 행복한 사람의 속옷을 구해 입으면 나을 수 있습니다" 하고 알려 주었다. 그래서 신하들은 학문, 돈, 지위를 가진 사람을 찾아다니다 낙심해 돌아오는 길에 허름한 오두막집에서 가장 행복하게 사는 노부부를 만났다. 신하들은 사정을 얘기하고 돈은 얼마든지 줄 것이니 속옷을 벗어달라고 했다. 그러자 노부부는 이렇게 대답했다. "죄송합니다만 우리 부부는 너무 가난해서 지금까지 속옷을 입어본 적이 없어요."

어느 은행가의 이야기

죠지 엘 코어리는 바레인 은행 설립자이다.[47] 그는 가난한 집에서 태어났고 13세 때부터 부모를 도와 가족을 부양해야 했다. 그는 가난이 너무 싫었고 좀 더 넓은 세상으로 나아가길 꿈꿨다.

그렇게 되기 위해 그는 열심히 공부했고, 결국 장학금으로 공부할 수 있었다. 학교를 졸업한 후 그는 베이루트 은행에서 첫 직장 생활을 시작했다. 그 후 결혼도 하고 슬하에 네 명의 자녀를 두게 되었다.

동료에 비하여 승진이 훨씬 빨랐고 생활도 안정되어 친구들 사이에서 부러움의 대상이 되었다. 그런데 그의 마음속에는 늘 자신을 얽어매는 가족들로부터 자유로워지고 싶은 마음이 있었고 더 넓은 세상으로 나가고 싶은 열망이 있었다. 그러던 차에 그에게 드디어 벨기에 지점에 갈 수 있는 기회가 찾아왔다. 그러나 그곳은 매우 어렵고 힘든 곳이었다.

파리 본점에서 이 지점에 유능한 직원을 많이 보냈으나 결국 모두 실패한 자리였다. 그는 무척 힘든 자리였으나 가족에 대한 부담과 제한된 일에서 자유로워지고 싶었고, 또 열심히 일에만 매달린 결과 짧은 기간 내에 성공할 수 있었다. 그가 열심히 일한 덕분에 벨기에 지점의 이익이 급속히 늘어나기 시작했다. 어느새 죠지 엘 코어리의 이름이 그가 속한 은행은 물론이고 온 세계, 특히 아라비아 세계로 널리 알려지게 되었다. 그는 점점 더 높은 지위에 오를 수 있었고 봉급은 천문학적인 숫자로 인상되었다.

그는 은행을 세우는 전문가로 온 세계를 누비며 자기가 꿈꾸던 생활을 드디어 거머쥘 수 있었다. 능력을 인정받아 프랑스 정부로부터 명예 훈장을 두 차례나 받았고 전 세계를 다니며 고위층의 사람들만을 만나는 금융계의 명사가 되었다. 그리고 은행의 최고 경영자들이 그를 만나려면 오랜 시간을 기다려야 했다. 심지어 영국 수상이 초청한 저녁 연회를 거절하고 부하직원을 대신 보낼 정도로 신분이 엄청나게 높아졌다.

그는 영국에 축구장만 한 정원을 가진 저택과 파리와 뉴욕에서 최고의 아파트를 가지고 있었다. 그가 가진 높은 명성과 지위, 그리고 많은 돈 때문에 그의 주위에는 세계 곳곳의 여자 친구들이 수백 명 있었다. 그는 그의 신앙 간증에서 이렇게 말했다.

"나는 아마 솔로몬의 여자보다도 많았을 것이다. 나는 남자들이면 누구나 꿈꾸는 능력, 돈, 그리고 여자를 갖고 있었다. 하지만 내 마음은 공허했다. 이미 엄청나게 가졌으면서도 더 부자가 되고 싶어 했던 나는 내 스스로가 만든 울타리 안에 나를 가둔 포로였다. 어린 시절 가난했고 정신적으로 공허했던 나와 지금의 부유하고 정신적으로 공허한 나 사이에는 과연 차이가 있을까?"

이 무렵 여섯 살 때 집을 떠났던 큰아들이 스물 네 살의 장성한 청년이 되어 일자리를 찾으러 런던으로 찾아왔다. 죠지는 가족들에게 생활비를 보내 주고 전화 통화를 하는 것만으로 가장으로서의 모든 책임을 다 했다고 생각했었다. 아들이 찾아온다는 소식에 그 "아들과 함께 있는 것이 내 자유를 침해하지 않을까? 내 여자 친구와의 관계가 불편하지 않을까?"라고 걱정하였다.

그는 아들과 서로 적응하려고 노력했으나 아들은 아버지의 엄격함과 까다로운 성격때문에 좌절감을 맛봐야 했었다. 그는 무엇이든 자기중심으로만 이끌었고 실제로 아들에게도 그렇게 살기를 강요했었다.

그는 신앙 간증에서 "아침 출근길에 내 차에서도 우리는 아무 대화도 없이 신문만 읽었고 집으로 오는 길에야 비로소 조금씩 대화하기 시작했다"라고 말했다.

또 그는 이렇게 말했다. 내 인생은 오로지 일, 여자, 그리고 TV가 전부였다. 나만의 자유와 쾌락만 좇던 나는 가정이 도무지 어떤 것인지도 몰랐고 심지어 자녀들 결혼식에 가야 하는 것보다 내가 보고 싶은

TV 프로그램을 더 중요하게 여길 정도였다. 그러나 아들은 그러한 아버지를 처음엔 그냥 봐주었고 친구로 지낼 수가 있었다.

그런데 이처럼 일과 여자 친구, 그리고 아들 사이의 모든 것이 만족스러웠을 때 흐르고 있던 평화에 균열이 생기기 시작했다. 그의 큰아들이 점차 변하기 시작했던 것이다. 아들의 행동, 성격, 그리고 생각하는 방식까지도 바뀌어 버렸기 때문에 아버지 죠지는 초조해지기 시작했다. 그런데 이런 아버지와는 달리 아들은 평화로웠고 기뻐했다. 그리고 아들은 아버지의 일방적인 말을 들어주기만 했다.

그러던 어느 날 아들은 차안에서 드디어 입을 열었다.

"아버지, 죄송하지만 저는 더 이상 아버지의 얘기를 들어줄 수 없습니다. 저는 변했어요. 더 이상 아버지 얘기를 듣는 것은 견딜 수 없습니다."

아버지 죠지는, "왜, 신부라도 되려고 그러니?" 하고 물었다.

아들은 "아니요. 저는 예수를 따르고 싶습니다. 지금 아버지 앞에 있는 아들은 예수를 만나 새로운 피조물이 되었습니다" 하고 고백했다.

아버지는 이렇게 고백하는 아들을 이해할 수 없었다.

아들은 "아버지가 예수를 영접하지 않으면 영원히 지옥으로 갈 수밖에 없습니다" 하고 말하기까지 했다. 그러나 아버지는 아들의 끊임없는 전도를 받지 않았다. 오히려 그가 사귀던 여자 친구가 아들의 전도를 받고 그와의 관계를 끊었다.

그러던 어느 날 죠지의 인생에 가장 큰 위기에 직면하는 일이 발생했다. 바로 자기의 모든 것을 알고 있는 절친했던 사람으로부터 협박을 받았던 것이다. 죠지는 그의 간증에서, "그 사람은 지금껏 내가 쌓아온 모든 경력, 직업, 명성을 위태롭게 하고 있었다. 내 이름이 매체에서 수치의 대상으로 되어가기 시작한 것이다. 이 위기 속에서 제일 먼저 생각나는 사람은 바로 나의 아들이었다"라고 밝히고 있다.

그는 아들에게 전화를 걸었다. "아들아, 재앙이다. 나도 이제 끝장이야…" 그리고 그는 그동안 있었던 일을 아들에게 상세히 들려주었다.

아들의 전도와 기도

그동안 있었던 일을 들은 아들은, "아버지, 제가 마귀에게 인생의 공간을 허락하면 어떤 일이 일어날 것이라는 것을 경고하지 않았습니까? 하지만 이것은 저들의 마지막 기회입니다. 아버지는 예수님이 이번 일을 풀어주시면 예수님 믿고 그분께 인생을 맡기겠습니까?"하고 물었다.[48]

죠지는 자기 상황이 너무 급박했기 때문에 아들에게 그렇게 하겠다고 대답했다.

아들은 또 "아버지는 예수님을 위해서 모든 여자 친구를 포기하고 한 명도 만나지 않으시겠습니까?" 하면서 아버지의 다짐을 요구했다. 아버지는 아들의 이러한 요구에도 그렇게 하겠다고 약속했다.

그러자 아들은 이렇게 기도하기 시작했다.

"하늘에 계신 아버지, 제가 예수 이름으로 기도하오니 아버지께 해악을 끼치려는 그 사람을 감동시켜 그 마음을 변화시켜 주옵소서. 이제 몇 분 후에 아버지가 그 사람에게 전화를 할 때 그 사람이 집에 있게 하시고 아버지가 그에게 부드러운 용서의 목소리를 들을 수 있게 하소서. 주님을 신뢰합니다."

그런데 죠지는 아들이 기도하는 것을 중지시키려 했다. 그러면서도 죠지는, "어떻게 해서 아들이 이렇게 상세하게 하나님한테 구할 수 있지?" 하며 궁금해 하기도 했다.

하지만 아들은 아버지 죠지의 생각에 개의치 않고 확신감이 있게 기도했다. 심지어 방언으로 힘있게 기도하기도 했다. 죠지는 아들의 기도를 받고 떨리는 마음으로 그 사람에게 전화를 했다. 그러자 정말 놀라운 일이 일어났다.

아들이 기도한 대로 죠지는 상대방으로부터 부드러운 용서의 목소리를 듣게 되었다. 단 몇 분 만에 일어난 일이었다. 도무지 믿기지 않는 일이었다. 그것은 분명히 기적이었다.

죠지의 일생 최대의 위기가 아들의 기도로 이렇게 해결된 것이다. 그는 즉시 하나님께 감사드렸고 그분의 살아계심과 함께 하심을 인정하게 되었다. 아들은 이런 아버지 죠지에게 구원 기도를 해 주었다. 그러자 아버지는 눈물이 나오는 것을 멈출 수 없었고 자신이 죄인인 것을 깨달았다. 예수 그리스도의 보혈의 능력을 경험한 그는 이제 모든 것이 달라 보였다. 아들이 아버지를 위해 지난 2년간 한 기도가 드디어 응답을 받은 것이다.

이때부터 죠지의 삶은 변하기 시작했다. 그에게는 기쁨이 충만했고 그의 입술에는 웃음이 떠나지 않았다.

삭개오와 같은 삶의 변화

죠지의 이러한 변화는 가까이에서 본 모든 사람을 놀라게 했다. 그의 집은 더 이상 자기만을 위한 빈 공간이 아니었다. 믿는 사람들로 가득 차게 되었다. 그들과의 교제를 통해서 그는 완전히 새로운 세상에 눈을 떴으며 사람들에게 관심을 가지고 그들을 사랑하기 시작했다. 그리고 그는 자신이 체험한 구원의 감격과 기쁨을 다른 사람과 나누고 싶은 마음이 간절했다. 그래서 전도하기 시작했다. 많은 사람들이 주께로 돌아왔다. 그는 너무 기쁜 나머지 직장을 그만 두고 일 년간 성경학교에 다니기도 했다.

성경학교에 다닐 때에는 그는 갑자기 25년간의 사치스런 생활을 접고 2평방 미터의 작은 방에서 살게 되었다. 그는 자기의 거대한 저택에 있는 것보다 그 작은 방에 있는 것을 더 좋아했다.

요나와 같은 고집

그 후 하나님은 그에게 그가 고향 레바논과 중동 지역에 머물기 원한다고 하셨다. 그러나 그는 계속 유럽에서 머물기 원했다. 그는 성경학교를 졸업한 후 여러 곳에서 하나님을 섬기는 일을 시작했지만 하나님이 중동으로 자신을 부르신다는 사실은 애써 외면하고 있었다.

그 때 죠지의 아들은 좋은 직장과 집, 그리고 모든 것을 영국에 두고 선교사로 사역하기 위해 가족과 함께 레바논으로 떠났다. 그곳에서 아들은 아버지에게 레바논으로 올 것을 계속 권했지만 아버지는 듣지 않았다. 이러던 죠지에게 갑자기 건강상의 문제가 생겼다.

한번은 그가 뉴욕에 있을 때 혈압이 갑자기 치솟아 위험할 지경이 되었다. 그는 자신의 건강 상태를 이렇게 말했다.

"나는 혈압 때문에 응급차에 실려 병원에 여러 차례나 들락거렸다. 마지막에는 혈압이 주체할 수 없을 정도로 치솟아 정말 생명이 위태로

울 지경까지 가자 나는 새벽 2시에 아들에게 전화를 걸어 그분의 뜻에 따르겠다고 했다. 의사들은 내가 죽음에 임박했고, 살아나더라도 식물 인간이 될 것이라고 말했다."

그러나 죠지는 그러한 절박한 상황에서도 죽음에 대해서는 이렇게 고백했다.

"하지만 나는 죽음을 생각하니 이상하게 평화로웠다. 구원에 대한 확신 때문에 죽음이 전혀 두렵지 않았던 것이다. 내 입술에는 미소가 떠나지 않았다."

그 순간에 하나님이 죠지에게 이렇게 물으셨다.

"아들아, 너는 영원한 집으로 가길 원하느냐? 아니면 나를 섬기고 너를 부른 레바논으로 가길 원하느냐?"

그는 "주님, 제가 레바논을 섬기겠습니다."라고 대답하였다.

도저히 여행이 불가능한 건강 상태로 죠지는 레바논으로 향하는 비행기에 도움을 받아가며 몸을 실었다. 그러자 죠지에게는 믿기지 않는 일이 일어났다. 그는 이렇게 고백한다.

"놀랍게도 레바논에 도착하자 내 혈압은 정상을 되찾았고 더 이상 혈압약이 필요치 않았다."

그러나 안타깝게도 죠지는 그 때의 교훈으로도 자신을 완전히 변화시키지 못했다. 늙은 은행가의 고집이 남아있었고 어렵고 힘들 때만 하나님께 더욱 매달리곤 했다.

그러던 어느 날 죠지는 정기 검진을 받게 되었는데 검진 결과는 전립선암이었다. 그는 전립선암이라는 말에 다시 소스라쳐 놀랐다. 그리고 그 말이 믿기지 않았다. 의사는 이렇게 통보했다.

"수술이 급합니다. 그러나 수술을 한다 해도 암이 이미 퍼져 있으면 어떻게 할 수 없습니다."

의사의 이 통보를 들은 죠지는 자신의 심경을 이렇게 말했다.

"나는 정신이 번쩍 들었다. 이것은 나에 대한 하나님의 경고다. 하나님과 상의 없이는 한 발짝도 움직이지 말아야 하는구나! 나는 과연 하나님께 온전히 순종하고 있는가?"

죠지는 우선 아들과 교회에 중보 기도를 요청하고 교인들에게 둘러싸여 세례를 받은 후 수술실로 향했다. 다행히 하나님의 은혜로 수술은 성공적으로 끝났고 죠지는 빠르게 회복되어 갔다.

이제 그는 아들과 함께 사역하고 있다. 또한 하나님께서 죠지에게 비전으로 주신 '중동 크리스챤 센터'를 설립하고 있다. 그는 이 센터에 대해 이렇게 말하고 있다.

"이 센터는 앞으로 중동 지역 선교에 중요한 역할을 해 나갈 것이라고 믿는다."

그는 자신의 간증을 이렇게 끝맺었다. "죽을 수밖에 없던 죄인인 나를 부르시고 구원의 기쁨과 순종의 기쁨을 알려주신 주님께 이 모든 영광을 돌린다."

인생을 향한 하나님의 계획

인간의 진정한 행복은 어디에 있는 것일까? '어느 은행가의 이야기'에 나오는 죠지는 많은 여자 친구들과 쾌락을 추구했지만 마음의 공허함을 해결하지 못했다. 쾌락주의자인 바이런은 인생의 말년을 우울하게 보냈다. 그는 "인생은 벌레 같은 것이야. 늙음과 슬픔 앞에서는 쾌락도 무용지물이다. 나는 지금 심히 외롭다"라고 말했다.

행복이 물질의 많음에 있는 것도 아니다. 죠지가 돈을 많이 벌었지만 오히려 그것이 자신을 타락으로 몰아넣은 셈이다. 미국의 백만장자 제이골드의 유언도 비극적이다.

그는 "나는 세상에서 가장 불행한 사람이다. 끊임없는 물욕이 나를 불행의 늪으로 빠뜨렸다"라고 말한 적이 있다.

명예가 행복을 보장해 주지 않는다. 세계를 정복한 알렉산더 대왕은 싸움에서 승리한 후 막사에서 울고 있었다. "이제 더 이상 정복할 곳이 없단 말인가!"라고 탄식했다고 한다. 명예와 재물을 모두 소유한 베콘스 필드경의 탄식은 시사하는 바가 크다. 그는 이렇게 탄식했다고 한다.

"내 젊은 시절은 온통 실수 투성이었어. 중년은 투정과 욕심의 노예였지. 이제 남는 것은 후회뿐이다."

그렇다면 행복은 어디에서 찾는다는 말인가? 성경에서 찾을 수 있다. 거기서 하나님께서 인생을 향하신 계획을 알고 그 뜻을 이루면서 살면 참 행복을 누리면서 살 수 있는 것이다.

성경을 통해 하나님께서 우리를 향하신 계획을 간단히 살펴보자. 하나님께서 태초에 우리의 조상 아담을 창조하시면서 그를 축복하셨다. 이때 하나님은 사람을 자기 형상대로 지으신 것이다. 이것은 하나님께서 사람을 하나님과 교제하기 위한 영적인 존재로 창조하셨다는 뜻이다.

그런데 아담이 하나님의 이 뜻을 잊어버리고 하나님의 명령을 어겨 죄를 지어 수치를 느끼게 되었다. 뿐만 아니라 영적 생명을 잃어버려 에덴동산에서 쫓겨나게 되었다. 그러나 하나님은 아브람을 부르셔서 다시 하나님의 계획을 알려주신다.

"너는 너의 본토 친척 아비집을 떠나 내가 네게 지시할 땅으로 가라 내가 너로 큰 민족을 이루고 네게 복을 주어 네 이름을 창대케 하리니 너는 복의 근원이 될찌라 너를 축복하는 자에게는 내가 복을 내리고 너를 저주하는 자에게는 내가 저주하리니 땅의 모든 족속이 너를 인하여 복을 얻을 것이니라" (창세기 12:1~3)

아브라함에 이어 이삭, 야곱을 통하여 하나님은 자신의 구원 계획을 나타내신다. 그 후에 하나님께서 모세를 부르셔서 이렇게 말씀하신다.

"나는 네 조상의 하나님이니 아브라함의 하나님, 이삭의 하나님, 야곱의 하나님이니라."

모세를 통하여 하나님은 고통 중에 있는 이스라엘을 구원하신다. 하나님께서 모세를 통하여 이스라엘에게 하신 말씀을 다시 들어보자.

"네가 여호와의 말씀을 삼가 듣고 내가 오늘날 네게 명하는 그 모든 명령을 지켜 행하면 네 하나님 여호와께서 너를 세계 모든 민족 위에 뛰어나게 하실 것이라 네가 네 하나님 여호와의 말씀을 순종하면 이 모든 복이 네게 임하며 네게 미치리라" (신명기 28:1~2)

우리가 받을 축복이 신명기 28장에 아주 구체적으로 나타나 있다. 3절부터 순종하는 이스라엘이 받게 될 복이 나열되어 있다. 그러나 어디까지나 이 복은 하나님의 명하는 말씀을 떠나 좌로나 우로나 치우치지 아니하고 다른 신을 따라 섬기지 아니할 때 우리에게 주어진다.

인생을 향한 하나님의 계획은 처음부터 행복한 삶이다. 그것은 시편에서도 다시 반복된다.

"복 있는 사람은 악인의 꾀를 좇지 아니하며 죄인의 길에 서지 아니하며 오만한 자의 자리에 앉지 아니하고 오직 여호와의 율법을 즐거워하여 그 율법을 주야로 묵상하는 자로다" (시편 1:1~2)

여기서 '복 있는' 은 여호와를 경외하고 그분의 뜻을 행하는 사람들의 행복한 상태를 의미한다.[49]

예레미야를 통하여 하나님께서는 이렇게 말씀하셨다.

"너희를 향한 나의 생각은 내가 아나니 재앙이 아니라 곧 평안이요 너희 장래에 소망을 주려 하는 생각이라" (예레미야 29:11)

이 말씀을 영어 성경으로 읽으면 이렇게 기록되어 있다.

" 'For I know the plans that I have for you' , declares the LORD, 'plans for welfare and not for calamity, and plans to give you a future and a hope' "

인생을 향한 하나님의 계획, 즉 하나님 안에서 행복을 누릴 수 있는 뜻을 거역함으로 인해 인간은 끝없는 절망과 탄식, 그리고 불행이 지속되었다. 그런데 때가 되어 하나님께서 그의 외아들 예수 그리스도를 보내주셔서 그가 십자가에 달려 피를 흘리고 죽은 지 사흘 만에 다시 살아나심으로 인해 그를 믿는 우리에게 모든 죄를 용서해 주셨다. 하나님의 인생을 향한 행복 계획이 마침내 성취될 수 있는 길이 우리에게 열린 것이다.

이 행복에 대해 사도 바울은 이렇게 갈파하고 있다.

"일한 것이 없이 하나님께 의로 여기심을 받는 사람의 행복에 대하여 다윗의 말한 바 그 불법의 사하심을 받고 그 죄를 가리우심을 받는 자는 복이 있고 주께서 그 죄를 인정치 아니하실 사람은 복이 있도다 함과 같으니라" (로마서 4:6~8)

예수 안에 행복이 있다. 그 안에 생명이 있다. 그 안에 지혜와 지식의 모든 보화가 감추어져 있다. 그 안에 하나님이 계신다. 아니 그분이 바로 하나님의 형상이요 하나님이다. 따라서 예수 그리스도를 믿고 그분의 뜻대로 사는 자가 행복하게 사는 것이다.

이 행복한 삶을 예수 그리스도는 산상수훈에서 팔복으로 요약해서 알려주고 있다. "심령이 가난한 자는 복이 있나니 천국이 저희 것임이요"(마태복음 5:3)로 시작해서 "의를 위하여 핍박을 받은 자는 복이 있나니 천국이 저희 것임이라"(마태복음 5:10)로 끝난다. 여기서 복은 행복보다 의미가 더 깊다. 왜냐하면 행복은 자주 외적 환경에 따라 달라지는 감정적인 것인 반면에 복은 하나님 나라의 구원에 동참하는 자의 궁극적인 복지와 분명한 영적 즐거움이기 때문이다.[50)]

이 팔복을 여기서 설명하고자 하는 것은 이 책의 목적이 아니다. 단지 성경에 기초한 가계 재무관리에서 가장 중요한 원리를 여덟 가지의 복으로 요약해 보고자 한다.

재무 팔복

의로운 청지기로 사는 자는 복이 있나니
저의 집에 부요와 재물이 있을 것임이요

예산을 생활화하는 자는 복이 있나니
저의 삶이 여유로울 것임이요

빚지지 않고 생활하는 자는 복이 있나니
저는 빚의 근심으로부터 자유할 것임이요

모든 일을 주께 하듯 하는 자는 복이 있나니
저는 유업의 상을 받을 것임이요

지혜롭게 소비하는 자는 복이 있나니
저의 가정이 화목하고 번영할 것임이요

저축으로 미래를 준비하는 자는 복이 있나니
저는 불황 속에서도 어려움을 겪지 않을 것임이요

분산투자를 하는 자는 복이 있나니
저는 위험을 줄여 곤경에 빠지지 않을 것임이요

사랑으로 베푸는 자는 복이 있나니
저는 천국은행으로부터 영원한 배당을 받을 것임이라

재무 팔복

1. '재무 팔복' 의 서두에 나오는 노부부의 행복을 어떻게 생각합니까?
   당신도 이 글에 동의합니까?

2. '어느 은행가의 이야기' 를 읽고 느낀 점을 이야기해 봅시다.

3. '재무 팔복' 의 내용이 무엇인지 말해 봅시다.
   이 가운데 당신은 어떤 행복이 가장 중요하다고 생각합니까?

4. 최근 신문이나 잡지에서 '행복한 부자' 라고 생각되는 사람에 대한 기사를 읽은 적이 있다면 찾아서 그 내용을 적어 봅시다.

5. '재무 팔복' 의 내용을 뒷받침할 수 있는 성경의 내용을 알고 있다면 구체적으로 적어봅시다.
   (참고 시편 112편; 마태복음 6:33; 마태복음 18:21~35; 누가복음 14:28~30; 누가복음 16:1~13; 사도행전 20:35; 잠언 21:20; 잠언 22:7; 전도서 11:1~2; 골로새서 3:23)

• 주 •

1) 옥한흠, 『제자훈련』 III(국제제자훈련원), 2000.

2) 이 부분에 대해 더 자세히 알기 원하는 사람은 필자가 쓴 논문, 「이중적 경영 모형: 하나님의 경영과 사람의 경영」, 『로고스 경영 연구』 한국 로고스 경영학회, 2004. 10., 1~13쪽을 참고할 수 있다.

3) 디지털조선, 2000. 12. 18.

4) 로버트 테머시 엮음, 『완전한 성공』 1권(CUP, 1998), 대구기독경영연구회 옮김, 247~249쪽.

5) Larry Burkett, *Debt-Free Living*(Chicago, Moody Press), 1989, p.54.

6) 전자신문 국민일보, 1999. 10. 26.

7) 국민일보, 1997. 12. 4. 31면.

8) Ron Blue, *The Debt Squeeze*(Publishing, Colorado), 1989, p.48~49.

9) Ron Blue, 전게서, pp10~19.

10) 구의령, 『성서적 노동관』, 기독교대학설립동역회, 1992, 1쪽.

11) 토마스 스탠리, 『백만장자 마인드』 1, 북 하우스, 정석훈 옮김, 2000, 126~132쪽.

12) 토마스 스탠리, 전게서, p.85~86.

13) 로버트 테머시, 『완전한 성공』 1권, CUP, 1999, p.28.

14) 로버트 테머시, 전게서, p.46~47.

15) Thomas Ludwig & David Myers, *Poor Talk*, 여기서는 한동근 교수의 강의 요약을 참고하였다.

16) 표준새번역.

17) 디지털 조선일보, 2002. 8. 27.

18) 토마스 스탠리, 『백만장자 마인드』 2, pp.73~78.

19) 김대호, 오세경, 『증권투자론』, 경문사, 2000, 155~156쪽 참조.

20) 중앙일보 인터넷 신문, 2001. 5. 22.

21) 로버트 테머시, 전게서, p.209~210.

22) 박정윤, 『주식을 과연 투자대상으로 고려해도 좋은가?』, 재무관리논총 한국재무관리학회, 2003, 145~161쪽.

23) Larry Burkett, *Investing for the Future*, Victor Books, Illinois, 1992, 79.

24) 이 부분은 김성민 · 길재욱 · 김현수, 『생활재무관리』, 경문사, 1999, 205~206쪽의 내용을 일부 수정하여 작성하였다.

25) 박정윤, 『주택의 인플레이션 헷지에 관한 실증적 연구』. 한국산업경영학회, 1993, 145~153쪽.

26) 토마스 스탠리, 전게서, pp.127~143.

27) 장홍문, 『부동산 경매 내손으로 해결하기』, 고시학회 21, 2000. 11.

28) 김용원, 『경매부동산의 매력과 함정』, 희년, 1997, 15~18쪽.

29) 조선일보, 2000. 10. 17.

30) 이 글은 경북대학교 경영학부 교수인 정충영 장로께서 '남산편지 메신저'란 제목으로 2001년 7월 12일에 보내주신 글의 일부이다.

31) Ron Blue, *Master Your Money*(Thomas Nelson Publishers, Nashville), 1991, pp.19~23.

32) 이를 '자본자산가격결정모형'이라고 한다.

33) 디지털조선, 1999. 5. 13.

34) Gary D. Moore, *The Thoughtful Christian's Guide To Investing*, Zondervan Publishing House, Grand Rapids, Michigan, 1990, p.107~108.

35) 조선일보, 2000. 10. 17.

36) R. E. McMaster, JR, *Wealth For All, A. N.*, Inc., Whitefish, Montana, 1982, p.145.

37) 토마스 스탠리, 전게서, p.112~113.

38) 김대호 · 오세경, 전게서, 475쪽.

39) 국민일보, 겨자씨, 1997. 8. 29.

40) Howard Dayton, *Your Money Counts*, Tyndale House Publishers, Wheaton, Illinois, 1996, 76.

41) 리챠드 포스터, 『돈, 섹스, 권력』, 두란노서원, 김영호 옮김, 1989, 88쪽에서 재인용.

42) 리챠드 포스터, 전게서 p.89.

43) 국민일보, 겨자씨, 1998. 10. 13.

44) 로버트 테머시, 『완전한 성공』 2, CUP, 2000, p.235.

45) 디지털 조선일보, 2000. 7. 5.

46) 국민일보 인터넷신문, 겨자씨, 1995. 10. 11.

47) 죠지 엘 코어리, 「나의 삶 나의 신앙」, 『신앙계』, 2001년 8월호에 실린 글을 필자가 일부 발췌하고 수정하였다.

48) 죠지 엘 코어리, 「나의 삶 나의 신앙」, 『신앙계』, 2001년 9월호에 실린 글을 필자가 일부 발췌하고 수정하였다.

49) *The NIV Study Bible*, The Jondervan Corporation, 1985, p.787, 1:1의 각주.

50) *The NIV Study Bible*, The Jondervan Corporation, 1985, p.1449, 5:3의 각주.

• 참고 문헌 •

- 구의령(1992), 『서서적 노동관』, 기독교대학 설립동역회.
- 김성민 · 길재욱 · 김현수(2000), 『생활재무관리』, 경문사.
- 김대호 · 오세경(2000), 『증권투자론』, 경문사.
- 김용원(1997), 『경매부동산의 매력과 함정』, 희년.
- 「나의 삶 나의 신앙」, 『신앙계』, 2001년 8월호.
- 로버트 테머시(1998), 『완전한 성공』 1, CUP, 대구기독경영연구회 옮김.
- 로버트 테머시(2000), 『완전한 성공』 2, CUP, 대구기독경영연구회 옮김.
- 리챠드 포스터(1989), 『돈, 섹스, 권력』, 두란노서원, 김영호 옮김.
- 박정윤(1998), 『빚진 자로 살 것인가 빌려주는 자로 살 것인가』, 삼영사.
- 박정윤(2002), 「창조에 나타난 경영사상」, 『기독경영연구』 창간호.
- 박정윤(2003), 「성숙한 그리스도인의 가계재무관리」, 『로고스경영연구』, 한국로고스경영학회, 제 1권 제 2호.
- 박정윤(2005), 「아브라함의 신앙과 재무관리」, 『로고스경영연구』, 한국로고스경영학회.
- 장홍문(2000), 『부동산 경매 내손으로 해결하기』, 고시학회 21.
- 토마스 스탠리(2000), 『백만장자 마인드』 1, 북 하우스, 정석훈 옮김.
- 토마스 스탠리(2000), 『백만장자 마인드』 2, 북 하우스, 정석훈 옮김.

- Alcorn, Randy(2003), *Money, Possessions and Eternity*, Tyndale House Publishers, Inc., Wheaton Illinois.
- Blue, Ron(1989), *The Debt Squeeze*(Publishing, Colorado).
- Blue, Ron(1991), *Master Your Money*(Thomas Nelson Publishers, Nashville).
- Burkett, Larry(1989), *Debt-Free Living*(Chicago, Moody Press).
- Burkett, Larry(1992), *Investing for the Future*, Victor Books, Illinois.

- Dayton, Howard(1996), *Your Money Counts*, Tyndale House Publishers, Wheaton, Illinois.
- Garmen, E, Thomas and Raymond E. Forgue(1994), *Personal Finance*, Houghton Mifflin Company, Boston.
- Kendall, R. T.(1982), *Tithing: A Call to Serious Biblical Giving*, Zondervan Publishing House, Grand Rapids, Michigan.
- Liefeld, Walter L.(1990), *The Expositor's Bible Commentary*, Grand Rapids, Michigan.
- Longman, Tremper(2002), *How to Read Proverbs*, InterVarsity Press, Doners Grove, Illinois.
- McMaster, R. E., JR(1982), *Wealth For all, A. N.*, Inc., Whitefish, Montana.
- Moore, Gary D.(1990), *The Thoughtful Christian's Guide To Investing*, Zondervan Publishing House, Grand Rapids, Michigan.
- *NIV Study Bible*(1985), Grand Rapids, Michigan.
- Perdue, G. Lev(2000), *Proverbs: A Bible Commentary for Teaching and Preaching*, John Knox Press, Louisville.
- Potter, Fred L.(1990), *Biblical Principles Applied to Insurance*, in Biblical Principles & Business: The Practice, Navpress, Colorado Springs, Colorado.
- Sailhamer, John H.(1990), *The Expositor's Bible Commentary*, Grand Rapids, Michigan.
- Turner, Charles W.(1976), *Wise Words in a Wicked World: Studies in Proverbs*, BMH Books, Winoa Lake, Indiana.
- Woodcook, Eldon(1988), *Bible Study Commentary: Proverbs A Topical Study*, Lamplighter Books, Grand Rapids, Michigan, Zondervan Publishing House.
- Whybray, R. N.(1994), *The New Century Bible Commentary: Proverbs*, Williams B. Publishing Company, Grand Rapids.